もくじ

東京書籍版　国語1年

…ストの範囲や
…習予定日を
…こう!

学習計画	
出題範囲	学習予定日
5/14 テストの日	5/10
	5/11

教科書 見返し／p.14〜p.21／p.22

風の五線譜《ごせんふ》／話し方はどうかな
日本語探検1 音声の働きや仕組み

確認《かくにん》

◆「風の五線譜」は、葉が風にゆれる情景と感動を歌った詩。
◆「話し方はどうかな」は、速さや話の表情を工夫《くふう》して、聞き手に分かりやすい話し方をしようと述べた文章。

5分間攻略ブック p.2

テストに出る！ **ココが要点**

風の五線譜《ごせんふ》（教見返し）➤例題

- **口語自由詩**…現代の話し言葉で、各行の音数に決まりのない詩。
- **対句《ついく》**…似た構成で意味も対応する二つの語句を並べる表現技法。
  例 ぎざぎざの葉っぱ／まるい葉っぱ
- 内容…いろいろな葉っぱが**ちがった**音を出しているが、みんなで**きれいな曲**を奏《かな》でている。＝個性がありながら調和することへの感動。

話し方はどうかな（教p.14〜p.19）➤予想問題

- 聞き取りやすい話の**速さ**について考えてみよう。
- 聞きやすい速さは、一分間に**三百字**が基準。
- 人間の話には、起承転結・緩急《かんきゅう》・強弱（＝**話の表情**）がある。
- 三百字という**速さ**を土台に、**話の表情**を豊かにすると魅力《みりょく》的な話し方ができる。↓聞き手によく分かる話し方を**工夫**《くふう》しよう。

例題 風の五線譜《ごせんふ》

風の五線譜
　　　　高階《たかしな》 杞一《きいち》

風に葉っぱがゆれている　［1］

①**大きな葉っぱ**
小さな葉っぱ　［2］

ぎざぎざの葉っぱ
まるい葉っぱ　［3］

1 この詩の形式を選びなさい。
ア 口語自由詩
イ 口語定型詩
ウ 文語定型詩
（　　）

2 この詩では、何が描《えが》かれていますか。
□にゆれる□□□。

3 よく出る 第［2］〜第［4］連では、葉っぱの何の違《ちが》いが表されていますか。それぞれ三字以内で考えて書きなさい。

答えと解説

1 ア
現代の話し言葉（口語）で書かれ、各行の音数や各連の行数に決まりのない（自由）詩である。

2 風・葉っぱ
第［1］連に注目する。「風」にゆれる「葉っぱ」についての詩。

3 ［2］…例 大きさ　［3］…例 形　［4］…例 色

漢字を読もう！ ①取り扱う　②交互　③中継
←答えは左ページ

黒い葉っぱ
黄色い葉っぱ
[4]

ひとつひとつが
風にゆれ
みんな
ちがった音を出している
[5]

②**みんなで**
きれいな曲を奏《かな》でている
[6]

＊[1]～[6]は連の番号です。

---

[2]…葉っぱの□の違い

[3]…葉っぱの□の違い

[4]…葉っぱの□の違い

4 よく出る ——線①・②で用いられている表現技法を選びなさい。

ア 対句《ついく》(形や意味が対応するように並べる)

イ 直喩《ちょくゆ》(「ような」を使ってたとえる)

ウ 擬人《ぎじん》法(人でないものを人に見立てる)

エ 倒置《とうち》(語句の順序を入れ替《か》える)

①(　　) ②(　　)

5 この詩には、作者のどのような思いが込《こ》められていますか。選びなさい。

ア 異なる個性を一つにまとめるのは困難なことだ。

イ 異なる個性を持つものが調和するのはすばらしい。

ウ 異なる個性をうまく生かすためには努力が必要だ。

(　　)

6 題名に「五線譜」が使われたのは、なぜですか。

葉っぱの出す音が□に聞こえたから。

第[2]～第[4]連からは、**いろいろな葉っぱがゆれている**ことが読み取れる。続く第[5]・第[6]連は、作者の着目する視点が変わり、**葉っぱの奏でる「音」**について描かれている。

4 ①ア ②ウ

第[2]～第[4]連の各連では対句が使われている。また、「みんなで／きれいな曲を奏でている」は、**「奏でている」のは人ではない「葉っぱ」**なので、擬人法である。

5 イ

作者は、**ひとつひとつちがった音が調和し、きれいな曲になることに感動**している。「葉っぱ」を「人」に置き換《か》えると、学校や社会において、さまざまな個性の人たちが集まり、調和するすばらしさを表現した詩とも読める。

6 曲

葉っぱのゆれる音が合わさって曲に聞こえたことから、音符《おんぷ》が並ぶ「五線譜」を題名にしたと考えられる。

漢字で書こう! ①と(り)あつか(う) ②こうご ③ちゅうけい
答えは右ページ➡

テストに出る！

予想問題

1 次の文章を読んで、問題に答えなさい。

解答 p.1　30分　100点

皆《みな》さんは、説明をしたり、意見や考えを述べたり、いろいろな場で発言した経験を持っていることと思います。そういったときに、「えっ、何ですか。」「何と言ったんですか。」などと、①友達から言葉を挟《はさ》まれたことはありませんか。②周りからそう言われるとますます自分のペースを乱され、ついにはしどろもどろ、大汗《おおあせ》をかいて終わるという苦い体験をした人は少なくないと思います。これは、声量の不足、つまり声が小さすぎるということがあるかもしれませんが、話し方が速すぎるか、遅《おそ》すぎるかによることが多いのです。話は、③速さによって聞き取りにくくも、聞き取りやすくもなります。このへんのことを考えてみましょう。

日本語という言語を耳から聞いて、いちばん理解しやすい速さというものはどこかにあるはずです。その速さというものをどのように測定して、量的に表したらよいのでしょうか。例えば、ある話を録音して、それをごく普通《ふつう》の漢字仮名《かな》交じり文で原稿《げんこう》用紙に書いていきます。そして漢字も、数字も、仮名も、句読点なども一字として、一分間に何字という表し方をするのです。こうい④う速さの決め方をしましょう。

〔川上《かわかみ》裕之《ひろゆき》「話し方はどうかな」による〕

1 よく出る ——線①「友達から言葉を挟まれたこと」とありますが、こうなるのは、何によることが多いと筆者は考えていますか。文章中から二十字で抜《ぬ》き出しなさい。〔10点〕

2 次の文章を読んで、問題に答えなさい。

では、①いちばん聞きやすい速さとはどれくらいでしょうか。一分間に三百字が基準です。これは長い間の放送の経験を通じての結論です。時計の秒針を見ながら、次の文章を声に出して読んでみましょう。

続いて気象情報です。気象庁の観測によりますと、千島《ちしま》列島付近では低気圧が猛烈《もうれつ》に発達しています。一方、中国大陸には優勢な高気圧があって、日本付近は強い冬型の気圧配置となっています。上空およそ五千五百メートルには氷点下三十度以下の強い寒気が入っており、日本海側の各地では、これから明日の朝にかけて大雪の恐《おそ》れがあります。特に、東北地方の日本海側から北陸地方にかけては、多い所で七十センチから一メートルの大雪となる所があるでしょう。太平洋側の各地では晴れる所が多くなりますが、空気が非常に乾燥《かんそう》していますので、火の取り扱《あつか》いには十分ご注意ください。あさってからは、暖かい日と寒い日が交互《こうご》に現れるようになるでしょう。

これを一分間で読むのです。この速さを練習してください。ゆっくりだなあ、あるいは、速いなあと感じるでしょうが、とにかく、この速さをつかんでください。②人間の話には、起承転結があり、緩急《かんきゅう》があり、強弱があります。重要な部分の話はゆっくり、そうでないところは速くなるのが普通《ふつう》です。そのことを一言で「話の表情」というとしますと、淡々《たんたん》と一分間に三百字の速さで話すのでは無表情です。無表情の人に魅力《みりょく》がないのと同じように、分か

漢字を読もう！　①跳ね返る　②実況　③挟む

←答えは左ページ

2 ——線②「しどろもどろ」とは、どのような意味ですか。次から一つ選び、記号で答えなさい。〔10点〕

ア 人の目が気になり、きょろきょろと辺りを見回している様子。

イ 自信がないのに、必死に自分の意見を主張している様子。

ウ 頭が混乱し、話の内容がとりとめもなくなってしまう様子。

エ 余計な内容が加わり、話がだらだらと長くなってしまう様子。

3 やや難 ——線③「このへんのことを考えてみましょう。」とありますが、どのようなことを考えるのですか。〔20点〕

4 ——線④「速さの決め方」とありますが、筆者が考えた速さの決め方を説明している連続する二文を文章中から抜き出し、一文目の初めの五字を書きなさい。〔10点〕

りやすい、聞きやすい、理解しやすい話にはなりません。話の内容に合った表情が必要です。ですから、三百字という速さは土台と考えてください。この速さで話せる土台があれば、話の表情を豊かにし、魅力的な話し方ができるようになります。

これから皆《みな》さんは、教室だけではなく、いろいろな場で発言する機会が増えることと思います。③聞き手によく分かるような話し方を工夫《くふう》していきましょう。

（川上《かわかみ》 裕之《ひろゆき》「話し方はどうかな」による）

1 ——線①「いちばん聞きやすい速さ」とは、どれくらいの速さですか。□に当てはまる言葉を、文章中から抜《ぬ》き出しなさい。〔15点〕

□を読む速さ。

2 ——線②「人間の話には、……強弱があります。」を言い換《か》えた言葉を、文章中から五字以内で抜き出しなさい。〔15点〕

3 よく出る ——線③「聞き手によく分かるような話し方」を、筆者はどのように考えていますか。□に当てはまる言葉を、文章中から抜き出しなさい。5点×2〔10点〕

一分間に ⓐ□ を土台とした、話の内容に合った ⓑ□ のある話し方。

3 **次の言葉のうち、音節の数が他と異なるものを一つ選びなさい。**〔10点〕

ア クッキー　**イ** すいとう

ウ ちょきん　**エ** せっけん

漢字で書こう！ ①は(ね)かえ(る)　②じっきょう　③はさ(む)

答えは右ページ➡

教科書 p.24～p.28

詩の心――発見の喜び

要旨《ようし》

◇詩の心は、ものに対し素直《すなお》に何かを感じ、素朴《そぼく》に心を動かすことから始まる。詩とは、ものによく感じて、そこに新たな驚《おどろ》きを発見するという喜びをもたらすものである。

5分間攻略ブック p.2

テストに出る！

ココが要点

三編の詩と解説（教 p.24～p.26）▶**予想問題**

●「雲」…雲への感動→**悠然**《ゆうぜん》と気ままに旅をしたい**願望**が隠《かく》れる。
　→心の**新鮮**《しんせん》**な働き**から生まれている。

●「虫」…虫の声を、「真剣《しんけん》な**命の声**」と聞く。→深く**感じる**こと。

●「土」…蝶《ちょう》の**羽**からの連想。→連想や**比喩**《ひゆ》の**楽しさ**。

テストに出る！

予想問題

解答 p.1

30分　100点

次の詩と文章を読んで、問題に答えなさい。

雲　山村暮鳥《やまむらぼちょう》

おうい雲よ
ゆうゆうと
馬鹿《ばか》にのんきさう《ソウ》ぢや《ジャ》ないか
どこまでゆくんだ
ずつ《ズッ》と磐《いは》《イワ》城《き》平《たひら》《タイラ》の方までゆくんか

　この山村暮鳥の詩には、ほとんど何の技巧《ぎこう》もなく、誰《だれ》もが感じることを、あたりまえに表現しているようですが、それでいて①何となくほのぼのと、心をひくものがあります。「おうい雲よ」――思わずそう呼びかけたくなった感動に、悠然《ゆうぜん》と気ままに旅をしたいという願望が隠《かく》れていて、読者にも同じ願望を呼び覚ますからです。この詩の感動は、ごく

1 ――線①「何となくほのぼのと、心をひくものがあります」とありますが、心をひくのは、なぜですか。□に当てはまる言葉を、文章中から抜《ぬ》き出しなさい。〔10点〕

呼びかけの表現が、読者にも［　　　　　　　］という願望を呼び覚ますから。

2 ――線②「詩の心における『感じる作業』」の説明として適切なものを次から一つ選び、記号で答えなさい。〔10点〕

ア 自分が日常見慣れているものを、冷静に分析《ぶんせき》すること。
イ ものを表面的にではなく、より深く心で感じること。
ウ 誰も感じたことのない感情を、心の中に見いだすこと。
エ 自分が見た風景を、ただありのままに受け止めること。

［　］

3 よく出る ――線③「いま　ないておかなければ／もう駄目だというふうに鳴いてる」とありますが、作者は虫の声をどのような声だと感じているのですか。文章中から抜き出しなさい。〔10点〕

［　　　　　　　］

4 ――線④「しぜんと／涙をさそわれる」という表現には、誰のどのような感情が表れていますか。文章中から二十字以内で抜き出しなさい。〔15点〕

漢字を読もう！　①驚く　②真剣　③技巧

←答えは左ページ

あたりまえのものを、子供のような純真さで、初めて見たり聞いたりするような、心の新鮮《しんせん》な働きから生まれています。

②詩の心における「感じる作業」とは、日常見慣れたり聞き慣れたりしているものに、改めて新しい反応を示し、驚《おどろ》くことだといえるでしょう。言い換《か》えれば、ものを表面的にただ「美しい」とか「寂《さび》しい」とか感じるのでなく、より深く感じることです。

虫　八木重吉《やぎじゅうきち》

虫が鳴いてる
③いま　ないておかなければ
もう駄目《だめ》だというふうに鳴いてる
④しぜんと
涙《なみだ》をさそわれる

秋の夜、虫の声を耳にして、それを「いま　ないておかなければ……」という切羽詰《つ》まった、真《しん》剣《けん》な命の声と聞く、この深い感じ方が、「虫が鳴いてる」という単純な事実を感動的なものにしているのです。作者の八木重吉は、結核《けっかく》のため僅《わず》か三十歳《さい》で世を去りました。この詩には、自身の短命を予感した作者の痛ましい実感も籠《こ》もっています。

土　三好達治《みよしたつじ》

蟻《あり》が
蝶《てふ》《チョウ》の羽をひいて行く
ああ
ヨットのやう《ヨウ》だ

〔嶋岡《しまおか》晨《しん》「詩の心――発見の喜び」による〕

5　「土」の詩について答えなさい。

(1) やや難　作者はどのような情景を見ているのですか。詩の中の言葉を使って書きなさい。〔15点〕

(2) (1)の情景から、何を連想していますか。〔10点〕

6　よく出る　「雲」、「虫」、「土」のそれぞれの詩の説明として適切なものを次から一つずつ選び、記号で答えなさい。　10点×3〔30点〕

ア　素直《すなお》に感じたことを素朴《そぼく》に技巧を用いず表現し、読者の共感を引き出している。

イ　ありふれた光景が比喩《ひゆ》を使って表されており、読者に連想や比喩の楽しさを伝えている。

ウ　壮大《そうだい》な自然と作者の立場とを対比させることで、読者に豊かなイメージを与《あた》えている。

エ　作者が自分の境遇《きょうぐう》に重ねてより深く感じることで、単純な事実を感動的なものにしている。

「雲」…　　「虫」…　　「土」…

漢字で書こう!　①おどろ(く)　②しんけん　③ぎこう
答えは右ページ➡

教科書 p.32／p.33～p.34／p.250～p.252

文法の窓1 文法とは・言葉の単位
漢字道場1 活字と書き文字・画数・筆順

テストに出る！ ココが要点

文法の窓1 文法とは・言葉の単位

●文法とは…文を作るときの、言葉の使い方の決まり。
●言葉の単位…大きい順に次の五つがある。
文章（談話）→段落→文→文節→単語
●文章…まとまった内容を表す文の集まり。話し言葉は談話という。
●段落…書きだしが一字下がる、文章中の内容のひとまとまり。
●文……終わりに「。」(句点)などが付いた、ひと続きの言葉。
●文節…声に出して読むとき、自然に読めるように区切った単位。
●単語…これ以上は分けられない、文法上の最も小さな単位。

例題

1 次の文章は、いくつの段落からできていますか。

　トーマス・エジソンは、多くの発明をしたため、「発明王」とよばれる。

　彼《かれ》の発明したものには、電球や蓄音機《ちくおんき》などがある。

　彼は、発明には努力が必要だという言葉を残している。


（　　）

答えと解説

1 三つ

書きだしに注目。**一字下がっているところ**が、段落の始まり。
←一字下がっている
トーマス・エジソンは、多くの発明をしたため、「発明王」とよばれる。
この文章は、一つの文で一段落ずつを作っている。

確認《かくにん》
◇言葉の単位には、大きい順に文章、段落、文、文節、単語がある。
◇「ね」を入れて読むと、文節を確かめることができる。

⇨5分間攻略ブック p.3／p.18

テストに出る！ 予想問題

解答 p.2　20分　100点

文法の窓1 文法とは・言葉の単位

1 **次の文章は、いくつの文からできていますか。算用数字で答えなさい。**〔10点〕

　マラソン大会当日の朝である。姉は荷物を手にすると、急ぎ足で玄関《げんかん》に向かった。

「寒い！」

　姉がドアを開けると、冷たい風が吹《ふ》き込《こ》んできた。

□

2 **正しく文節に区切られているものを次から一つ選び、記号で答えなさい。**〔10点〕

ア 明日は／午前中から／出かける予定です。
イ 明日は／午前中から／出かける／予定です。
ウ 明日は／午前中／から／出かける／予定／です。
エ 明日／は／午前／中から／出かけ／る／予定／です。

□

3 よく出る **次の文を、例にならって文節に区切りなさい。** 4点×4〔16点〕

例 白い／毛の／犬が／とことこ／走る。
① この本の挿絵《さしえ》は、僕《ぼく》の父が描《か》いている。
② 遠足なので、お弁当の準備をする。
③ どうも今年は暖冬らしいが、あまり暖かくない。
④ 雨が降って、気温が下がったようだ。

漢字を読もう！ ①違い ②傍線部 ③芝生

2 次の文章は、いくつの文からできていますか。

歩くことは、健康によい。私《わたし》は週に一度は散歩をするようにしている。そのときは、一時間以上歩く。（　　）

3 正しく文節に区切られているものを選びなさい。

ア 友達に／手紙を書く。
イ 友達に／手紙を／書く。
ウ 友達／に／手紙／を／書く。

（　　）

4 正しく単語に区切られているものを選びなさい。

ア 友達に／手紙を書く。
イ 友達に／手紙を／書く。
ウ 友達／に／手紙／を／書く。

（　　）

テストに出る！ **ココが要点**

漢字道場1 活字と書き文字・画数・筆順

●筆順の大原則
・上から下へ。（例三）
・左から右へ。（例川）

ほかにも、中から左右へ（例小）、外側から内側へ（例国）、貫《つらぬ》く画は最後（例車）などがある。

---

2 三つ

「。」（句点）に注目。**「。」のあるところ**が文の終わり。文の終わりには、「？」や「！」が付くこともある。

3 イ

「ね」を入れると、文節の区切りが分かる。
友達に（ね）手紙を（ね）書く（ね）。

4 ウ

文節に区切って（／）から、**それだけで意味の通じる言葉**（‖）と、**通じない言葉**（〜）に分ける。‖も、〜も、一単語。

一単語　一単語
友達‖に〜／手紙‖を〜／書く‖。

---

4 よく出る **正しく単語に区切られているものを次から一つ選び、記号で答えなさい。**（12点）

ア 弟は／よく／勉強するから、／成績がよい。
イ 弟は／よく／勉強／するから、／成績が／よい。
ウ 弟／は／よく／勉強する／から、／成績／が／よい。
エ 弟／は／よく／勉強／する／から、／成績／が／よい。

［　　］

5 やや難 **次の文を、例にならって単語に区切りなさい。** 4点×4（16点）

例 あそこ／に／見える／の／が／私／の／家／です。
① 急げばまだバスに乗れるようだ。
② 母とデパートへ買い物に行った。
③ 先生は歌がとてもうまいらしい。
④ 書いた手紙を何度も読み返す。

6 **漢字道場1 活字と書き文字・画数・筆順** **次の漢字の画数を、算用数字で書きなさい。** 4点×6（24点）

① 派　② 降　③ 弓
④ 比　⑤ 延　⑥ 収

①	④
②	⑤
③	⑥

7 **次の漢字の太字の部分は何画目ですか。算用数字で書きなさい。** 4点×3（12点）

① 右　② 発　③ 泌

①
②
③

漢字で書こう！ 答えは右ページ➡　①ちが（い）　②ぼうせんぶ　③しばふ

教科書 p.36～p.40

飛べ　かもめ

5分間攻略ブック p.3

主題

◆少年はちょっとした不満から家を出て、列車に乗った。少年は、窓から見えたかもめが自分の意志と力で懸命《けんめい》に前進する姿に感動し、自分も力いっぱい生きようと思う。

テストに出る！

ココが要点

少年とかもめとの出会い（教 p.36～p.38）▶例題

● 少年は家に帰りたくなくて、行き当たりばったりの列車に乗った。

● 列車の窓ガラスの向こうにかもめが見える。

かもめ…自分の意志と力だけを頼《たよ》りに、懸命《けんめい》に前進している。

少年…座《すわ》っているだけ。意気地《いくじ》なし。→かもめと比べ恥《は》ずかしく思う。

かもめの姿に心打たれる少年（教 p.37～p.39）▶予想問題

● 懸命に羽ばたくかもめの速度が次第《しだい》に落ち、視界から消えた。

● 少年の目に涙《なみだ》がにじむ。――あいつは、よくやった。

→自分もかもめのように力いっぱい生きてみよう。

● 大きな虹《にじ》が出る。＝迷いが晴れた少年の心情を象徴《しょうちょう》。

例題　少年とかもめとの出会い

　少年は黙《だま》って、窓にもたれる。目が落ち着かない。誰《だれ》にも言わずに、①**家を出てきた**のだ。もう帰らない、帰りたくない、と、自分に念を押《お》すように思い続ける。

　といって、家出、というほどきっぱりしたつもりでもなかった。課外活動の陸上競技に熱中しすぎて、成績がいくらか下がってきたのを、今朝、母親にやや強く言われて、おもしろくない。深くも考えずに、自由になるお金をありったけかき集めて、行き当たりばったりの列車に乗ったのだ。

　こんなときでも、幼い頃《ころ》からの癖《くせ》で、海の見える側へ席を取る。しかし、②**放心した目は、何も見ていない。**ふと、面目《めんもく》を失《しっ》しないで帰宅するにはどうしたらよかろうと弱気に考え、すぐさままた、何とかなるさ、帰

1 ――線①の理由が分かる一文を抜《ぬ》き出し、初めの五字を書きなさい。

□□□□□

2 ――線②から、少年のどのような気持ちが分かりますか。選びなさい。

ア 絶対に自分の家には帰らないと決意する気持ち。

イ どこまで行けるだろうかとわくわくする気持ち。

ウ 家は出たものの、この先どうしたらいいのか迷う気持ち。　（　　）

答えと解説

1 課外活動の

母親に下がってきた成績のことを言われたのがおもしろくなくて、深く考えずに家を出たのである。

2 ウ

直後に、「面目を失しないで帰宅するにはどうしたらよかろうと弱気に考え、すぐさままた、何とかなるさ、帰るもんか」とある。少年は、**家に帰ろうか、いや帰りたくないと、心が揺《ゆ》れている**のだ。

漢字を読もう！　①虹　②取り戻す　③振り向く

るもんか、と思う。窓ガラスが、少年の息で曇《くも》る。

　ふと、その窓ガラスに、③**大きなしみのようなもの**を感じて、少年は目を上げた。

　しみ？　いや、かもめだ。かもめが一羽、全身の力を込《こ》めて激しく羽ばたきながら、列車と同じ方向に、まっすぐに飛んでゆく。そうと悟《さと》りながら、少年はまたも、それが何かのしみではないか——紙切れか何かが、外側からぴったり窓ガラスに貼《は》り付いているのではないか、と疑った。そんな錯覚《さっかく》を起こさせるほど、その鳥影《とりかげ》は、窓ガラスの同じ位置にぴったり貼り付いて——ということはつまり、走っている列車と全く同じ速度で、必死に羽ばたいていたのである。

　一分、二分。鳥影は、なおも同じ位置に貼り付いている。この列車に、この少年に、抜《ぬ》き差しならぬ用でもあるかのように。

　しかも——少年はふと気づいて、④**我知らず赤面した**。自分は、暖房《だんぼう》の効いた列車の中に、のんびりと座《すわ》っている。あの鳥は、自分の翼《つばさ》で羽ばたくことによってしか、前に進めない。だから、あの鳥は、懸命《けんめい》に羽ばたいている。前進している。自分の意志と力だけを頼《たよ》りに。

　少年は、⑤**鳥から目が離《はな》せなくなった**。無意識に拳《こぶし》を握《にぎ》りしめ、頑張《がんば》れ、頑張れ、と小さな声を立てた。列車なんかに負けるな、僕《ぼく》なんかに負けるな。この意気地《いくじ》なしの僕なんかに——。

〔杉《すぎ》みき子《こ》「飛べ　かもめ」による〕

3 よく出る　——線③は、何でしたか。

（　　　　）

4 よく出る　——線④のように少年がなったのは、なぜですか。選びなさい。

ア　かもめが自分の予想よりもずっと速く飛べると知ったから。
イ　何もせずにのんびり座っているだけの自分に気づいたから。
ウ　自分の乗っていた列車の暖房がかなり効いていたから。

（　）

5 ——線⑤のとき、少年はどのような気持ちになりましたか。

　　　　、とかもめを応援《おうえん》する気持ち。

6 懸命に飛ぶ「かもめ」と比較《ひかく》して、少年は自分のことをどのように表現していますか。

（　　　　）の僕

3　(一羽の)かもめ
✎ 列車と同じ方向に飛ぶかもめが、窓ガラスに貼り付いた**「しみ」**や**「紙切れ」のように見えた**とある。

4　イ
✎ 直前に「ふと気づいて」とあるので、何かに気づいて赤面したのだと分かる。少年は、**暖房の効いた車内で何もせず「のんびりと座っている」自分と、自分の翼で「懸命に羽ばたいて」「前進している」かもめを比べ、**自分が恥《は》ずかしくなったのだ。

5　頑張れ
✎ 懸命に前進するかもめの姿を見て、**自然と「頑張れ」と応援する気持ち**になっているのである。

6　意気地なし
✎ **いやなことがあると逃《に》げ出す「意気地なし」の自分**とは対照的に、「自分の意志と力だけを頼りに」飛び続けるかもめに心打たれている。

漢字で書こう！　①にじ　②と(り)もど(す)　③ふ(り)む(く)
答えは右ページ➡

テストに出る！
予想問題

次の文章を読んで、問題に答えなさい。

解答 p.2　30分　100点

しみ？　いや、かもめだ。かもめが一羽、全身の力を込《こ》めて激しく羽ばたきながら、列車と同じ方向に、まっすぐに飛んでゆく。そうと悟《さと》りながら、少年はまたも、それが何かのしみではないか——①紙切れか何かが、外側からぴったり窓ガラスに貼《は》り付いているのではないか、と疑った。そんな錯覚《さっかく》を起こさせるほど、その鳥影《とりかげ》は、窓ガラスの同じ位置にぴったり貼り付いて——ということはつまり、走っている列車と全く同じ速度で、必死に羽ばたいていたのである。

一分、二分。鳥影は、なおも同じ位置に貼り付いている。この列車に、この少年に、抜《ぬ》き差しならぬ用でもあるかのように。

しかも——②少年はふと気づいて、我知らず赤面した。自分は、暖房《だんぼう》の効いた列車の中に、のんびりと座《すわ》っている。あの鳥は、自分の翼《つばさ》で羽ばたくことによってしか、前に進めない。だから、あの鳥は、懸命《けんめい》に羽ばたいている。前進している。自分の意志と力だけを頼《たよ》りに。

少年は、鳥から目が離《はな》せなくなった。無意識に拳《こぶし》を握《にぎ》りしめ、頑張《がんば》れ、頑張れ、と小さな声を立てた。列車なんかに負けるな、僕《ぼく》なんかに負けるな。この意気地《いくじ》なしの僕なんかに——。

しかし、鳥の速度は次第《しだい》に落ちてきた。翼の動きが、目に見えるほど鈍《にぶ》くなる。

③窓ガラスに映る影の位置が、少しずつずれてきた。そしてつい

2 ——線②「少年はふと気づいて、我知らず赤面した」について答えなさい。

(1) 少年はどのようなことに気づいたのですか。□に当てはまる言葉を、これより後の文章中から抜き出しなさい。5点×3〔15点〕

ⓐ□□□□と座っている自分と違《ちが》って、

かもめがⓑ□□□□□□だけを頼りに、

ⓒ□□□羽ばたいて前進していること。

(2) このとき少年はどのような気持ちでしたか。次から一つ選び、記号で答えなさい。〔10点〕

ア　ずっと列車に乗って疲《つか》れたという気持ち。

イ　鳥をしみと思ったことにあきれる気持ち。

ウ　自分自身の状況《じょうきょう》を恥《は》ずかしく思う気持ち。

エ　家を出てしまったことを後悔《こうかい》する気持ち。

□

3 ——線③「窓ガラスに映る影の位置が、少しずつずれてきた。」とありますが、それはなぜですか。〔10点〕

□

4 ——線④「少年は、体ごと振り向いて、鳥の行方を追う。」とありますが、ここから少年のどのような気持ちが分かりますか。次から一つ選び、記号で答えなさい。〔10点〕

ア　かもめが飛ぶ様子を見るのに飽《あ》きてしまった気持ち。

イ　かもめが列車を追う必死さを恐《おそ》ろしく感じる気持ち。

漢字を読もう！　①鈍行　②曇る　③人影
←答えは左ページ

に、後ろの窓へ、更《さら》にまた後ろへ――。

④少年は、体ごと振《ふ》り向いて、鳥の行方《ゆくえ》を追う。小さな影は、やがて力尽《ちからつ》きたように視界から消えた。少年の目に、白い一点の残像を残して。

⑤少年の目に、かすかに涙《なみだ》がにじんだ。

――あいつは、よくやった。

少年の心に、何かが、ぴんと糸を張る。

甘《あま》えるな。

怠《なま》けるな。

力いっぱい飛べ。

――この次の駅で降りよう。そして、砂浜《すなはま》を走って帰ろう。

少年の胸に、足の裏を刺《さ》すざらざらした砂の感触《かんしょく》が、生々しくよみがえった。

列車はカーブを回り、速度を落とし始める。⑥少年は、瞳《ひとみ》に光を取り戻《もど》して、勢いよく立ち上がった。

どこかで雨が上がったのか、⑦海に大きな虹《にじ》が出ている。

〔杉《すぎ》 みき子《こ》「飛べ　かもめ」による〕

1 よく出る ――線①「紙切れか何かが、外側からぴったり窓ガラスに貼り付いている」とありますが、実際は、何がどうしていたのですか。文章中の言葉を使って書きなさい。〔10点〕

□

ウ　かもめが速く飛ぶ理由を突《つ》き止めたいという気持ち。
エ　かもめが飛ぶ姿を最後まで見届けたいという気持ち。

□

5 ――線⑤「少年の目に、かすかに涙がにじんだ。」とありますが、それはなぜですか。次から一つ選び、記号で答えなさい。〔15点〕

ア　かもめが少年の乗る列車から徐々《じょじょ》に離《はな》れてしまったのが、悲しかったから。
イ　かもめが力の限り頑張って飛んでいたことが伝わってきて、感動したから。
ウ　かもめが力尽きて速く飛ぶのを諦《あきら》めてしまったことに、失望したから。
エ　かもめがいつもと同じ力強い羽ばたきを見せてくれたことが、うれしかったから。

□

6 やや難 ――線⑥「少年は、瞳に光を取り戻して、勢いよく立ち上がった。」とありますが、このとき、少年はどのような気持ちでしたか。□に当てはまる言葉を、考えて書きなさい。〔15点〕

自分も □ 生きていこうという気持ち。

7 よく出る ――線⑦「海に大きな虹が出ている」とありますが、ここから少年のどのような気持ちが想像できますか。次から一つ選び、記号で答えなさい。〔15点〕

ア　ゆううつで自分が情けなくなる気持ち。
イ　未知の体験に驚《おどろ》き感動する気持ち。
ウ　迷いがなくなったすがすがしい気持ち。
エ　思いどおりになってほっとする気持ち。

□

漢字で書こう！　①どんこう　②くも(る)　③ひとかげ
答えは右ページ➡

教科書 p.42～p.53／p.58～p.60

さんちき
日本語探検2 接続する語句・指示する語句

主題

◇「車は、これから百年もの間、ずっと使われ続ける」と、車大工《くるまだいく》の仕事への誇《ほこ》りを語る親方。その思いを聞いた三吉《さんきち》は、「自分も腕《うで》のいい車大工になる」と決意を固める。

5分間攻略ブック p.4

テストに出る！

ココが要点

車に名前を彫《ほ》ろうとする三吉《さんきち》（教 p.42～p.43）▶例題

●半人前の三吉は、親方に矢を作るのを任される。＝初めての大仕事。

●作った車を見上げる。「ええできあがりや。」＝満足感。

●車を引き起こしたとき、体が震《ふる》えた。＝仕事を成し遂《と》げた喜び。

●親方に内緒《ないしょ》で名前を彫ろうとする。＝一人前の車大工《くるまだいく》のまね。

腕《うで》のいい車大工になる決意をする三吉（教 p.49～p.50）▶予想問題

●「侍《さむらい》たちは、何にも残さんと死んでいくけど、わしらは車を残す。」
＝親方が車大工の仕事にかける思い。

●三吉は車大工の仕事のすばらしさに気づく。→「さんちきは、きっと腕のええ車大工になるで。」＝りっぱな車大工になろうと決意する。

例題 車に名前を彫《ほ》ろうとする三吉《さんきち》

三吉は仕事場に降りてろうそくをともした。今日、親方と二人で作りあげた祇園《ぎおん》祭りの鉾《ほこ》の車が、どっしりと立っている。

見上げると、また、①**ため息が出た**。

「どっから見ても、ぴしっと引き締《し》まってる。ほんまに《［本当に］》、ええ《［よい］》できあがりや。」

車輪の真ん中から、お日様の光のように周りへ伸《の》びている二十一本の細い支え木のことを、矢という。その一本を握《にぎ》って揺《ゆ》すってみる。こそっともしない。

「うむ、きちっとはまってる。半人前のおらが作ったなんて、誰《だれ》も信じひんやろ《［信じないだろう］》。」

八つのときに、この「車伝《くるまでん》」に弟子《でし》入りして、まだ五年。一人前になるには、もう七、八年かかる。

1 三吉は、どのような人物ですか。

弟子入りして五年の［　　　］の車大工。

2 よく出る 三吉が――線①のような様子だったのは、なぜですか。選びなさい。

ア 作業に夢中になりすぎて疲《つか》れたから。
イ 仕上がりのすばらしさに満足したから。
ウ 一人前と認められず悲しく感じたから。
（　　）

3 三吉が作ったのは、車のどの部分ですか。

車輪を支える［　　］のうちの一本。

答えと解説

1 半人前

✎三吉や親方の言葉に「**半人前**」とある。

2 イ

✎直後の三吉の言葉に「ほんまに、ええできあがりや。」とあるので、**満足感から出たため息**だと分かる。

3 矢

✎「**矢を作るのを一本だけ任せてくれた**」とある。

漢字を読もう！ ①鋭い　②叫ぶ　③慌てる
←答えは左ページ

ところが、あの口うるさい親方が、
「半人前の三吉にも、②**てつどうてもらおか**。こんだけ大きな車を作ることは、一生に、何べんもあらへん《ありはしない》しな。」
と、矢を作るのを一本だけ任せてくれた。

弟子入りしてから③**初めて必死でやった**。親方の細かい注意も真面目に聞いた。いつもなら半分も聞いてないのに――。

組み立てが終わり、親方と二人で、天井《てんじょう》からつるした綱《つな》で縛《しば》って引き起こしたとき、体が震《ふる》えた。そこら中走り回って叫《さけ》びたかった。

――④**おらも、いっしょに作ったんやで！**

自分が任されたカシの木の一本の矢が、白く輝《かがや》いて見えた。

車大工《くるまだいく》は、自分の気に入った車が作れたとき、名前をそっと彫っておく。だから三吉も彫ることにした。親方とおかみさんが寝《ね》てしまうのを待って、⑤**夜中にそっと起き出してきた**。彫ってしまえば、こちらのものだ。なんぼ《いくら》親方が怒鳴《どな》っても消えることはない。

字には、あまり縁《えん》がないけど、平仮名で自分の名前の、

さ ん き ち

とだけは、どうにか書ける。

〔吉橋《よしはし》 通夫《みちお》「さんちき」による〕

4 親方が――線②のように言ったのは、なぜですか。

これだけ（　　　）を作ることは、（　　　）に何度もないから。

5 三吉が――線③のようにしたのは、どのような気持ちからですか。選びなさい。

ア 親方に自分の実力を知ってほしい。
イ 親方に怒《おこ》られたくない。
ウ 親方に仕事を任されてうれしい。

（　　　）

6 よく出る ――線④の喜びの気持ちが、矢の見え方にも表れています。それが分かる部分を、五字で抜《ぬ》き出しなさい。

□□□□□

7 三吉が――線⑤のようにしたのは、何をするためですか。

親方が寝ている間に、車の矢に（　　　）ため。

4 大きな車・一生

大きな車を作ることは一生のうちに何度もあるわけではない。だから、親方は**三吉にも機会を与《あた》えようと考えた**のである。

5 ウ

前の段落に「あの口うるさい親方」とあるから、親方は仕事に厳しい人だと想像できる。その**親方が仕事を任せてくれたのがうれしくて**、必死に取り組んだのである。

6 白く輝いて

「**白く輝いて**」見えたことから、三吉は自分の作った矢が車の一部を形作っていることに、**喜びと満足**を感じていると分かる。

7 例 自分の名前を彫る

仕上がりに満足し、喜びを感じた三吉は、一人前の車大工をまね、矢に名前を彫ろうとする。**そっと起き出したのは、親方に見つからないように彫ろうとしたから**である。

漢字で書こう！ ①するど(い)　②さけ(ぶ)　③あわ(てる)
答えは右ページ➡

テストに出る！
予想問題

解答 p.3　30分　/100点

1 次の文章を読んで、問題に答えなさい。

「侍《さむらい》に生まれんで、よかったな。」

「……。」

「あの侍の目は、死ぬ間際《まぎわ》やちゅうのに、憎《にく》しみでいっぱいやった。侍たちは、やたらと殺しおうてばかりや。国のためやとか言うてるけど、①殺し合いの中から、いったい何を作り出すというんじゃ。」

親方は、三吉《さんきち》が作った矢を握《にぎ》ってぐいと引いた。びくともしない。

「ええ仕上がりや。この車は何年持つと思う？」

三吉は、やっと口を開いた。

「二、三十年やろか。」

「あほう、百年や。」

「百年も！」

「②わしらより長生きするんや。侍たちは、何にも残さんと死んでいくけど、③わしらは車を残す。この車は、これから百年もの間、ずっと使われ続けるんや。」

「へええ。」

「へえええやあらへん。おまえも、その車大工《くるまだいく》の一人やないか。まだ半人前やけど。」

「半人前は、余分や。」

「余分のついでに、今から④百年先のことを考えてみよか。世の中、

1 ——線①「殺し合いの中から、いったい何を作り出すというんじゃ」とありますが、侍たちは、結局どうなると親方は言っていますか。文章中から十五字以内で抜《ぬ》き出しなさい。〔15点〕

2 ——線②「わしらより長生きするんや。」を具体的に説明している一文を文章中から抜き出し、初めの五字を書きなさい。〔10点〕

3 やや難 ——線③「わしらは車を残す」から、親方の仕事に対するどのような気持ちが読み取れますか。次の言葉に続けて、考えて書きなさい。〔15点〕

自分の仕事を

4 ——線④「百年先のこと」とありますが、親方は百年先まで続いているものとして何を挙げていますか。二つ抜き出しなさい。6点×2〔12点〕

5 ——線⑤「親方は、腕を組み、声の調子を変えてしゃべりだした」とありますが、親方はどのような気持ちを込めてしゃべったのですか。次から一つ選び、記号で答えなさい。〔12点〕

漢字を読もう！　①押す　②削る　③肝心

←答えは左ページ

どない《［どう］》なってるやろ。幕府が続いてるか、ほかの藩《はん》が天下を取ってるか分からん。けど、わしらみたいな町人《ちょうにん》の暮らしは、途切《とぎ》れんと続いてるやろ。祇園《ぎおん》祭りも、町衆《まちしゅう》の力で毎年行われ、この車は、祭りのたびに、大勢の見物人の前をゴロゴロ引かれていく。ほいで《［それで］》、誰《だれ》かが、今わしらの彫《ほ》った字を見つけるんや。見つけて、こない《［こう］》言うかもしれへん。」

そこで⑤親方は、腕《うで》を組み、声の調子を変えてしゃべりだした。

「ほう、こりゃなんと百年も前に作った車や。長持ちしてるなあ。なになに『さんちき』か……。ふうん、これを作った車大工やな。ちょっと変わった名前やけど、きっと腕のええ車大工やったんやろなあ……。」

「親方――。」

三吉は⑥親方の腰《こし》をぎゅっと押《お》した。怒《おこ》られるかなと思ったけど、何も言われなかった。

「はっはっは、さあ、もう寝《ね》ろ。ろうそくがもったいないやないか。」

親方は、それだけ言うと、さっさと奥《おく》へ入ってしまった。

三吉は、ろうそくを吹《ふ》き消そうとして、もう一度車を見た。

さ　ん　ち　き

と彫った字が、ろうそくの明かりの中に、ぼんやりと浮《う》かんで見える。

「さんちきは、きっと腕のええ車大工になるで。」

そっとつぶやいてから、⑦思い切り息を吸い込《こ》んで、ろうそくの明かりをひと吹きで消した。

〔吉橋《よしはし》 通夫《みちお》「さんちき」による〕

ア　怖《こわ》がっている三吉を落ち着かせてやろう。
イ　半人前の三吉の思い上がりに気づかせたい。
ウ　三吉が名前を間違《まちが》えて彫ったことを慰《なぐさ》めよう。
エ　三吉に腕のいい車大工になってほしい。

□

6 よく出る　――線⑥「親方の腰をぎゅっと押した」ときの三吉の気持ちを次から一つ選び、記号で答えなさい。〔12点〕

ア　親方に励《はげ》まされ、照れくさいがうれしい気持ち。
イ　親方に皮肉を言われ、つらく悲しい気持ち。
ウ　親方の想像力に感心し、愉快《ゆかい》になる気持ち。
エ　親方に半人前扱《あつか》いされ、不満で悔《くや》しい気持ち。

□

7 よく出る　――線⑦「思い切り息を吸い込んで、ろうそくの明かりをひと吹きで消した」とありますが、この表現から読み取れる三吉の気持ちを次から一つ選び、記号で答えなさい。〔12点〕

ア　親方にひどく叱《しか》られなかったのでほっとする気持ち。
イ　りっぱな車大工を目指そうと強く決意する気持ち。
ウ　百年の間、自分の名が残ることに緊張《きんちょう》する気持ち。
エ　「さんちき」という呼び名が決まって喜ぶ気持ち。

□

2 **□に当てはまる言葉を後から一つずつ選び、記号で答えなさい。**　3点×4〔12点〕

① いつもより早く家を出た。□、学校に遅刻《ちこく》してしまった。
② 彼《かれ》は母の弟です。□、彼は私の叔父《おじ》です。
③ 急に雨が降ってきた。□、家の中で遊んだ。
④ ご参加ありがとうございます。□、会議を始めましょう。

ア　さて　　イ　しかし
ウ　つまり　エ　だから

①□ ②□ ③□ ④□

漢字で書こう！　答えは右ページ➡　①お（す）　②けず（る）　③かんじん

教科書 p.62〜p.69

オオカミを見る目

要旨《ようし》

◇ヨーロッパと日本におけるオオカミのイメージの違《ちが》いには、農業の在り方の違いが大きく関わっている。人の考えや行いは社会の状況《じょうきょう》で異なり、変化もするのだ。

5分間攻略ブック p.5

テストに出る！

ココが要点

オオカミに対する見方が違《ちが》う理由（教 p.63〜p.65）▼例題

●オオカミに対するイメージ

・ヨーロッパ…生活の糧《かて》であるヒツジを襲《おそ》う、悪魔《あくま》のような存在。

・日本…稲《いね》を食べるイノシシやシカを殺す、神のような存在。

→両者の間でイメージが大きく違っている。

オオカミの見方の変化と筆者の考え（教 p.65〜p.67）▼予想問題

●狂犬病《きょうけんびょう》の流行と、西洋の知識や価値観の流入で、オオカミのイメージが悪化。→害獣《がいじゅう》として駆除《くじょ》。不利な条件が重なり、絶滅《ぜつめつ》。

●結論…野生動物に対する考え方は、社会に影響《えいきょう》を受ける。

→人の考えや行いは、社会の状況《じょうきょう》によって異なり、変化もする。

例題　オオカミに対する見方が違《ちが》う理由

1　まず、なぜヨーロッパと日本とで①**オオカミのイメージ**が大きく違っていたのかを考えてみましょう。

2　ヨーロッパの農業は、麦を栽培《さいばい》し、ヒツジを飼って営まれてきました。当時の人々にとってヒツジは生活の糧《かて》でした。そして、まだ村の周りに森が残っていた時代には、森にすむオオカミがヒツジを襲《おそ》って殺すことがよくありました。人々はオオカミの襲撃《しゅうげき》を防ごうといろいろな策を講じましたが、オオカミは賢《かしこ》い動物ですから、それを破ってヒツジを襲うこともありました。人々がこのようなオオカミを残酷《ざんこく》で悪い動物と思い、②**憎《にく》むようになった**のは当然のことです。また、キリスト教の影響《えいきょう》がたいへん強かった中世のヨーロッパでは、悪魔《あくま》や魔女が本当にいると信じられていまし

1　——線①とありますが、ヨーロッパと日本におけるオオカミのイメージを書きなさい。

ヨーロッパ…［　　　］のようなイメージ。

日本……［　　　］のようなイメージ。

2　よく出る　——線②とありますが、ヨーロッパの人々がオオカミを憎むようになったのは、なぜですか。

（　　　　）であるヒツジを襲うから。

答えと解説

1　ヨーロッパ…悪魔（魔物）
日本……神

②段落「**悪魔のイメージ**と重ねられ」、④段落「**神のよう**になっていきました」に着目する。同じオオカミでもイメージが大きく違っていたのである。

2　生活の糧

ヨーロッパの農業は麦とヒツジが中心。**ヒツジを襲うオオカミは、生活をおびやかす憎むべき動物**だった。

漢字を読もう！　①臆病　②被害　③撲滅
←答えは左ページ

た。ですから、人々が憎み恐《おそ》れたオオカミは悪魔のイメージと重ねられ、人々の想像も手伝って、いたずらに恐ろしい魔物に仕立てられていきました。

③ このように、ヨーロッパでは、ヒツジを軸《じく》にした牧畜《ぼくちく》を基盤《きばん》とし、キリスト教の影響がたいへん強かったために、ヒツジを襲うオオカミは③**悪魔のように見なされることとなった**のです。

④ 一方、日本はどうでしょう。日本は米の国といっていいほど稲作《いなさく》の盛《さか》んな国です。人々は汗水垂《あせみず》らして米作りに励《はげ》み、豊作のために祈《いの》りをささげる毎日を過ごしてきました。そうやって心血を注いで育てた稲《いね》が台風でだめになったり、イノシシやシカに食べられたりしたら、人々はどう感じたでしょうか。台風には逆らえませんから、ただ祈るしかありませんが、イノシシやシカには強い憎しみを感じたにちがいありません。そして、そのイノシシやシカを殺してくれるのがオオカミです。当然、④**オオカミは自分たちの味方と考えた**ことでしょう。したがって、オオカミは敬われ、神のようになっていきました。事実、オオカミをまつる三《みつ》峯《みね》神社は、米の豊作祈願《きがん》の神社なのです。

⑤ つまり、米を軸にした農業を営んだ日本では、稲を食べる草食獣《じゅう》を殺してくれるオオカミは神として敬われるようになったのです。

〔高槻《たかつき》 成紀《せいき》「オオカミを見る目」による〕

3 ――線③とありますが、悪魔のように見なされたのは、何の影響ですか。五字で抜《ぬ》き出しなさい。

□□□□□

4 よく出る ――線④とありますが、オオカミを「味方」と考えたのは、なぜですか。

（　　　　）イノシシやシカを殺してくれるから。

5 ヨーロッパと日本でオオカミに対するイメージが違うのはなぜですか。（　）に当てはまる言葉を、③段落と⑤段落から抜き出しなさい。

（　　　　）を基盤としたヨーロッパでは、ヒツジを襲うオオカミは憎まれ、（　　　　）を営んだ日本では、稲を食べる草食獣を殺してくれるオオカミは敬われたから。

6 この文章の段落の関係を選びなさい。

ア
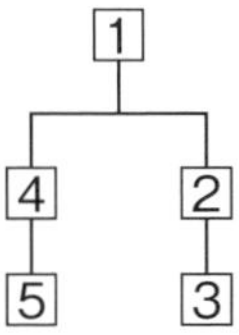

イ
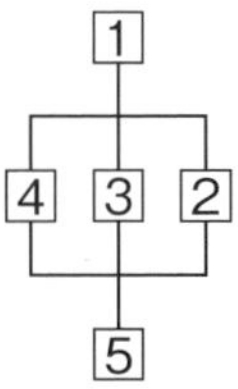

ウ

（　　）

3 キリスト教

悪魔を信じていた中世ヨーロッパでは、**生活に害を及《およ》ぼすオオカミを悪魔と重ね合わせて**憎んだのだ。

4 例 稲を食べる

稲を食べる草食獣に憎しみを持つ日本人は、草食獣を殺してくれるオオカミを「味方」と考えたのだ。

5 ヒツジを軸にした牧畜・米を軸にした農業

ヨーロッパについてまとめられているのが③段落で、日本についてまとめられているのが⑤段落。牧畜中心のヨーロッパと、稲作中心の日本。**それぞれの農業にオオカミがどう関わったかによって、オオカミへのイメージが違う**のである。

6 ア

①段落で問いを提示した後、**ヨーロッパ（②・③段落）と日本（④・⑤段落）に分け、**それぞれのオオカミのイメージが生まれた背景について説明するという構成。

漢字で書こう！ ①おくびょう　②ひがい　③ぼくめつ
答えは右ページ➡

テストに出る！

予想問題

次の文章を読んで、問題に答えなさい。

解答 p.3　30分　100点

江戸《えど》時代の中頃《なかごろ》、日本人の①オオカミに対する見方を一変させる出来事が起こります。それは、海外から入ってきた狂犬病《きょうけんびょう》の流行です。狂犬病はイヌ科の動物がかかりやすい感染症《かんせんしょう》で、発病した動物にかまれることによって人にも感染し、いったん発症すると数日間で死亡するという恐《おそ》ろしい病気です。狂犬病にかかったオオカミは獰猛《どうもう》になり、何にでもかみつくようになるために、人をもよく襲《おそ》いました。狂犬病のオオカミに襲われた人は、たとえそのときは命を落とさずにすんだとしても、後になって狂犬病を発症し激しく苦しんで死ぬこともあったのです。こうしたことから、オオカミはにわかに忌《い》まわしい動物となっていきました。

そして、明治時代になると、日本の社会は大きな変革期を迎《むか》えます。国は「富国強兵」をスローガンに近代化・軍国化を急ぎ、積極的に西洋の知識や価値観を取り入れました。そんな中、オオカミを悪者にしたヨーロッパの童話も入ってきました。うそをついてはいけないという教訓で有名な「オオカミ少年」などいくつかの童話は、当時の教科書にも掲載《けいさい》され、広く普及《ふきゅう》しました。このことが②オオカミのイメージをますます悪化させたと考えられます。

オオカミに対する見方のこうした変化を背景に、オオカミは害《がい》獣《じゅう》として駆除《くじょ》の対象とされるようになっていきました。更《さら》に、感染症であるジステンパーの流行、開発による生息地の減少、食料

(2) この出来事の結果、オオカミはどのような動物と見られるようになりましたか。〔10点〕

2 よく出る ——線②「オオカミのイメージをますます悪化させた」とありますが、オオカミの悪いイメージを普及させたものは何ですか。文章中から十八字で抜き出しなさい。〔10点〕

3 ——線③「絶滅」とありますが、害獣として駆除の対象となったこと以外で絶滅の要因となったことを、文章中から三つ抜き出しなさい。5点×3〔15点〕

4 ——線④「自然のバランス」について答えなさい。

(1) 「自然のバランス」とは、ここではどういう意味ですか。次から一つ選び、記号で答えなさい。〔10点〕

ア 人がオオカミを駆除することで、シカが一定数に保たれること。
イ オオカミがシカを食べることで、シカが一定数に保たれること。
ウ 人がシカを保護することで、オオカミが少なくなること。
エ オオカミが絶滅することで、シカの数が増えること。

漢字を読もう！　①祈り　②栽培　③象徴
←答えは左ページ

であるシカの激減など、オオカミにとって不利な条件が重なって、日本のオオカミはとうとう③絶滅《ぜつめつ》してしまったのです。

ところが、現在では、増えすぎたシカによる被害《ひがい》が日本中で問題になっているため、オオカミの絶滅が④自然のバランスを崩《くず》し、シカの激増を招いてしまったという反省の声もあるのです。

こうしたオオカミの例は、野生動物に対する考え方が、その社会によっていかに強い影響《えいきょう》を受けるかをよく示しています。日本とヨーロッパでは、同じ農業を営んでいても、その在り方が違《ちが》ったために、⑤オオカミに対する見方が正反対のものになってしまったのです。そして、更に注目されるのは、社会の状況《じょうきょう》の変化によってそれがまた変わりうるということです。日本におけるオオカミのイメージの変化は、まさに⑥そのことを示しています。

このように、人の考えや行いは、置かれた社会の状況によって異なりもするし、また変化もしうるのだということを、心に留めておいてください。

〔高槻《たかつき》 成紀《せいき》「オオカミを見る目」による〕

1 ――線①「オオカミに対する見方を一変させる出来事」について答えなさい。

(1) どのような出来事が起こったのですか。文章中から抜《ぬ》き出しなさい。〔10点〕

(2) 「自然のバランス」が崩れた原因は、何でしたか。文章中から七字で抜き出しなさい。〔10点〕

5 ――線⑤「オオカミに対する見方が正反対のものになってしまった」原因は何ですか。□に当てはまる言葉を書きなさい。〔10点〕

ヨーロッパと日本の□が違ったため。

6 やや難 ――線⑥「そのこと」は、どのようなことを指していますか。〔15点〕

7 よく出る この文章の内容として適切なものを次から一つ選び、記号で答えなさい。〔10点〕

ア 明治時代に入ってきたヨーロッパの童話は広く普及し、子供たちに悪影響を与《あた》えた。

イ 人間はオオカミを絶滅させてしまったことを反省し、シカの駆除をやめるべきである。

ウ 人間の置かれている社会は常に変化しているから、野生動物の絶滅もやむをえない。

エ 人間の思考や行動は、置かれている社会の状況によって違ったり、変わったりすることがある。

漢字で書こう! ①いの(り) ②さいばい ③しょうちょう
答えは右ページ➡

文法の窓2 文の成分・連文節
漢字道場2 音読み・訓読み

確認《かくにん》

◆文の成分には、主語・述語・修飾語《しゅうしょく》・接続語・独立語がある。
◆連文節は、複数の文節で一つの文の成分の働きをする。

5分間攻略ブック p.6／p.18

テストに出る！ ココが要点

文法の窓2 文の成分・連文節

●文の成分…主語・述語・修飾語《しゅうしょく》・接続語・独立語

主語…「誰《だれ》が」「何が」に当たる部分。

述語…「何だ」「どんなだ」「どうする」「ある（いる・ない）」に当たる部分。

修飾語…他の部分をより詳《くわ》しく説明する部分。

・**連体修飾語**…物事や人に当たる言葉を修飾する。

・**連用修飾語**…「どんなだ」「どうする」「ある（いる・ない）」を修飾する。

接続語…前後の文や文節をつないで、関係を示す部分。

独立語…他の部分と直接関わりのない部分。

●連文節…二つ以上の文節がまとまり、**文の成分**の役割を持つもの。
主部・**述部**・**修飾部**・**接続部**・**独立部**がある。

●文節どうしの関係…**主**・**述**の関係、**修飾**・**被《ひ》修飾**の関係、**接続**の関係、**並立《へいりつ》**の関係、**補助**の関係がある。

例題

1 ——線の文の成分を選びなさい。

① 大雨が 降った。だから、試合が 日曜日に 延びた。

（　）（　）（　）（　）（　）（　）

答えと解説

1 ①ア・イ・エ・ア・ウ・イ
②オ・ア・ウ・イ

主語と述語を捉《とら》えると、文の組み立てがつかみ

テストに出る！ 予想問題

解答 p.4　20分　100点

文法の窓2 文の成分・連文節

1 よく出る 次の——線の文の成分を後から一つずつ選び、記号で答えなさい。 3点×10〔30点〕

① 毎朝 五時に 起きる。
② 僕《ぼく》も その 本を 読んだよ。
③ 春が 来た。しかし、まだ 寒い。
④ ああ、きれいな 月だなあ。
⑤ 彼女《かのじょ》は、いつも 親切だ。
⑥ ひまわりが 庭で 咲《さ》く。
⑦ 急いでいるの、私《わたし》は。
⑧ 七月七日、その 日は 七夕だ。
⑨ 探しても、ノートが ない。
⑩ かすかに 歌声が 聞こえる。

ア 主語　イ 述語　ウ 修飾語《しゅうしょく》
エ 接続語　オ 独立語

①	③	⑤	⑦	⑨
②	④	⑥	⑧	⑩

2 やや難 次の——線の連文節は、文の成分の何に当たりますか。後から一つずつ選び、記号で答えなさい。 4点×5〔20点〕

① 妹が、とても 楽しそうに 遊んで いる。
② 家に 着けば、熱い お茶を 飲める。
③ 水泳と サッカー、それが 兄の 趣味《しゅみ》だ。

漢字を読もう！ ①基礎　②汚れ　③傑作
←答えは左ページ

② 皆《みな》さん、私《わたし》が　会場へ　案内します。
（　　）（　　）（　　）（　　）（　　）

ア　主語　イ　述語　ウ　修飾語《しゅうしょく》　エ　接続語　オ　独立語

2 ──線の文の成分を選びなさい。

① 白い　雲が　② 夏の　空に　③ 浮《う》かんで　いる。
①（　　）　②（　　）　③（　　）

ア　主部　イ　述部　ウ　修飾部　エ　接続部　オ　独立部

3 ──線の文節どうしの関係を選びなさい。

① 夕日が　地平線に　沈《しず》む。（　　）
② 鳥が　飛ぶ。（　　）
③ 雨が　降って　いる。（　　）
④ 海は　広くて　青い。（　　）
⑤ 疲《つか》れたので、休もう。（　　）

ア　主・述の関係　イ　修飾・被《ひ》修飾の関係　ウ　接続の関係　エ　並立《へいりつ》の関係　オ　補助の関係

やすい。①「試合が」（主語）―「延びた」（述語）。「だから」…**文をつなぐ役割**→接続語。「日曜日に」…「延びた」を**説明**→修飾語。

2 ①ア　②ウ　③イ

連文節の終わりの文節の働きに注目。
「白い　雲が」→**何が**
「夏の　空に」→**どこに**
「浮かんで　いる」→**どうする**
これらの働きを手がかりにすると、主部、修飾部、述部と分かる。

3 ①イ　②ア　③オ　④エ　⑤ウ

並立の関係、補助の関係の見分け方を知ろう。
③補助の関係…「**〜て**」＋「**いる・みる・おく・あげる・ほしい**」などの形が多い。
④並立の関係…**文節（の一部）を入れ替《か》えても意味が変わらない**。「広くて　青い」→「青くて　広い」

---

④ 小さな　港に、白い　船が　停泊《ていはく》する。
⑤ 二人の　少女は、朝から　出かけて　いった。

ア　主部　イ　述部　ウ　修飾部　エ　接続部　オ　独立部

①（　　）②（　　）③（　　）④（　　）⑤（　　）

3 よく出る　次の──線の二つの文節は、どのような関係になっていますか。後から一つずつ選び、記号で答えなさい。　5点×7〔35点〕

① 姉が　向こうから　走って　くる。
② 私は　英語も　数学も　好きだ。
③ 君こそ　クラス委員に　ふさわしい。
④ 走ったが、間に合わなかった。
⑤ 突然《とつぜん》、バタンと　ドアが　閉まった。
⑥ 頼《たの》みごとを　されて　困って　しまう。
⑦ 九月に　なっても、暑い　日が　続く。

ア　主・述の関係　イ　修飾・被《ひ》修飾の関係　ウ　接続の関係　エ　並立《へいりつ》の関係　オ　補助の関係

①（　　）②（　　）③（　　）④（　　）⑤（　　）⑥（　　）⑦（　　）

漢字道場２　音読み・訓読み

4 次の熟語の読み方の組み合わせを後から一つずつ選び、記号で答えなさい。　3点×5〔15点〕

① 関心　② 手紙　③ 両側
④ 客間　⑤ 布地

ア　音＋音　イ　音＋訓　ウ　訓＋訓　エ　訓＋音

①（　　）②（　　）③（　　）④（　　）⑤（　　）

漢字で書こう!　①きそ　②よご(れ)　③けっさく
答えは右ページ➡

碑《いしぶみ》

教科書 p.80〜p.91

要旨《ようし》

◇広島への原爆《げんばく》投下直前から、被爆《ひばく》後に広島二中の一年生が全滅《ぜんめつ》に至るまでの様子を時系列で述べるとともに、広島二中の碑《ひ》を紹介《しょうかい》し、平和への願いを伝えている。

5分間攻略ブック p.7

テストに出る!

ココが要点

原子爆弾《ばくだん》が投下される（教 p.81〜p.82）➤例題

● 広島二中の生徒や先生たちはB29を見て**偵察飛行**《ていさつひこう》だと思った。
＝原子爆弾の**完成**を知らず、**無防備**な状態

● 「屍《しかばね》の街」…原子爆弾の落ちた様子を猛威《もうい》をふるう**自然**にたとえる。

● 「雷鳴《らいめい》」＝**爆風**の音。「巨大《きょだい》な岩」＝家の**屋根**の倒壊《とうかい》。

被爆《ひばく》した広島二中の生徒の死（教 p.89〜p.90）➤予想問題

● 被爆した広島二中一年生の半数近くは**行方不明**《ゆくえふめい》。
家にたどり着いた三人の生徒も死亡。→広島二中の一年生は**全滅**《ぜんめつ》。

● **碑**《ひ》を訪ねてほしい。＝彼《かれ》らを忘れないでほしい。→**平和**への願い

例題　原子爆弾《ばくだん》が投下される

ちょうど、各学級とも点呼の番号を言い終わったばかりでした。

雲ひとつない青い夏空に、きらりと光るB29の翼端《よくたん》を見つけた子供たちは、口々に「敵機、敵機。」と叫《さけ》びました。

生徒と向かい合った先生たち、一学級の升田龍一《ますだりゅういち》、二学級の山本信雄《やまもとのぶお》、四学級の箕村登《みのむらのぼる》、五学級の仲山岩《なかやまいわ》夫《お》の四人の先生も、生徒の声で空を見上げました。

警報も出ず、たった三機ぐらいなら、またいつもの偵察《ていさつ》飛行だぐらいに、みんな考えました。誰《だれ》しも、たった一発で二十数万の人の生命を奪《うば》う原子爆弾が完成しているとは知らなかったのです。

原子爆弾が炸裂《さくれつ》した瞬間《しゅんかん》のことを、作家の大田洋子《おおたようこ》

1 当時、どんな天気でしたか。選びなさい。

ア 快晴だった。
イ 曇《くも》っていた。
ウ 雨が降っていた。

（　　）

2 点呼の後、生徒たちは空に何を見つけましたか。

□□□□

3 よく出る　みんなは、敵機は何をしていると考えましたか。

□□□□

答えと解説

1 ア

「雲ひとつない青い夏空」とあるところに注目する。**雲がなく、晴れていた**ことが分かる。

2 B29の翼端

「夏空に……」「……を見つけた」という言葉を手がかりにして、解答欄《らん》の字数で探す。

3 偵察飛行

原子爆弾の完成を知らなかったので、**危機が迫《せま》っていると思いもしなかった**のである。

漢字を読もう!　①雷鳴　②励ます　③眠る
←答えは左ページ

さんは、「屍《しかばね》の街」の中で次のように書いておられます。

　私《わたし》は蚊帳《かや》の中でぐっすり眠《ねむ》っていた。八時十分だったともいわれ、八時三十分だったともいうけれど、そのとき私は、海の底でいなずまに似た青い光に包まれたような夢を見たのだった。するとすぐ、大地を震《ふる》わせるような恐《おそ》ろしい音が鳴り響《ひび》いた。①**雷《らい》鳴《めい》がとどろきわたるかと思うような**、言いようのない音響《おんきょう》につれて、②**山上から巨大《きょだい》な岩でも崩《くず》れかかってきたように**、家の屋根が激しい勢いで落ちかかってきた。

〔制作・広島テレビ放送／構成・松山善三《まつやまぜんぞう》「碑《いしぶみ》」による〕

4 ③と考えたのは、なぜですか。

［　　］も出ず、たった［　　］で飛んでいたから。

5 原子爆弾は、どのようなものですか。

たった（　　）で、二十数万の人の（　　）もの。

6 よく出る ——線①、②は、それぞれ何を表していますか。一つずつ選びなさい。

ア　家の屋根が崩れ落ちてきた様子。
イ　家が勢いよく燃えている様子。
ウ　原子爆弾の爆風の音が鳴り響く音。
エ　地震《じしん》が起こって家屋が揺《ゆ》れる音。

①［　　］　②［　　］

7 「屍の街」では、原子爆弾のことをどのようなものとして描《えが》いていますか。選びなさい。

ア　幻想的で捉《とら》えどころのないもの。
イ　恐ろしいほど威力《いりょく》があるもの。
ウ　自然に対して影響を与《あた》えるもの。

（　　）

4 警報・三機

敵機の数が多ければ警報が鳴ったり避難《ひなん》したりしたかもしれないが、数が少なかったので**それほど警《けい》戒《かい》していなかった**のである。

5 一発・生命を奪う

「原子爆弾が完成しているとは」の前に、原子爆弾のすさまじい殺傷力が述べられている。

6 ①ウ　②ア

「屍の街」では、原子爆弾が落ちた後の様子を、「雷鳴がとどろきわたるかと思うような」など、**猛威《もうい》をふるう自然にたとえて表現**している。

7 イ

「屍の街」では、比喩《ひゆ》を多用し、**原子爆弾の威力のすさまじさ**を表現している。

漢字で書こう!　①らいめい　②はげ(ます)　③ねむ(る)
答えは右ページ➡

テストに出る！

予想問題

次の文章を読んで、問題に答えなさい。

解答 p.4

30分

100点

死に場所が分かった生徒もいますが、広島二中一年生の三百二十一人の半数近くは、遺体を見つけることができませんでした。つまり、行方《ゆくえ》不明なのです。

お父さん、お母さんは、市内、郊外《こうがい》の救護所や死体収容所を、①あてどもなく探しました。

家にたどり着いた子供にも、死期が近づきました。

佐伯《さえき》郡廿日市《はつかいち》町で、②酒井春之《さかいはるゆき》君は、七日朝、七時二十五分、③お母さんにみとられて亡《な》くなりました。

「枕《まくら》もとに詰《つ》めかけた祖母を呼び、おじやおばに話しかけ、妹の手を取って、意識は、はっきりしておりました。『話は、明日、ゆっくり聞くから、④今夜は静かに寝《ね》ようね。』となだめたのですが、『昼に川の中で十分寝たからいいよ。』と苦しそうにないのが何よりでした。死ぬのでしたら、夜を徹《てっ》してでも、話を聞くのでしたのに。」

大竹《おおたけ》市の家で、五学級の山下明治《やましためいじ》君は四日目の九日、明け方、お母さんにみとられて亡くなりました。

「明治は、亡くなるとき、弟、妹の一人一人に別れの言葉を言い、私《わたし》が、鹿児島のおじいさんに何と言いましょうか、と申しましたら、⑤『りっぱに……。』と申しました。死期が迫《せま》り、私も思わず、⑥『お母ちゃんもいっしょに行くからね。』と申しましたら、⑦『後からでいいよ。』と申しました。そのときは無《む》我《が》夢中でしたが、後から

2 ――線②「酒井春之君」は、亡くなる前の晩、どのようなことをしたがっていましたか。□に当てはまる言葉を書きなさい。〔10点〕

再会した家族と［　　　］こと。

3 よく出る ――線③「お母さんにみとられて亡くなりました」とありますが、酒井君のお母さんは、どのようなことを後悔《こうかい》しましたか。文章中から一文で抜き出し、初めの五字を書きなさい。〔10点〕

［　　　　　］

4 ――線④「今夜は静かに寝ようね」とありますが、お母さんがこのように言ったのは、なぜですか。次から一つ選び、記号で答えなさい。〔10点〕

ア　疲《つか》れていたので、自分が早く眠《ねむ》りたいと思ったから。
イ　祖母やおじ、おばが話に飽《あ》きていると思ったから。
ウ　敵機がやってくる音が聞こえなくなると思ったから。
エ　少しでも息子《むすこ》の体力を消耗《しょうもう》させまいと思ったから。

［　］

5 やや難 ――線⑤「りっぱに……」とありますが、山下君はどのような言葉を続けようとしたと考えられますか。「りっぱに」に続くように、考えて書きなさい。〔15点〕

りっぱに［　　　　　］。

6 ――線⑥「お母ちゃんもいっしょに行くからね」とありますが、このとき、母親はどのような気持ちでしたか。次から一つ選び、記号で答えなさい。〔10点〕

漢字を読もう！　①渡る　②攻撃　③爆弾
←答えは左ページ

考えますと、なんとまあ、意味の深い言葉でしょうか。『お母ちゃんに会えたからいいよ。』とも申しました。」

五学級の桜美《さくらび》一郎《いちろう》君は、お父さん、お母さんに舟入《ふないり》救護所から吉島町《よしじまちょう》の社宅に運ばれ、十一日、午前八時十分、亡くなりました。

八月六日が誕生日でした。

桜美一郎君が、⑧広島二中の最後の死亡者でした。

＊＊

本川《ほんかわ》土手に整列した広島二中の一年生、三百二十一人と四人の先生は、こうして一人残らず全滅《ぜんめつ》しました。

＊＊

広島に行かれることがありましたら、平和公園の本川土手に、⑨広島二中の碑《ひ》があるのを訪ねてください。その碑の裏には、いつも変わらぬ本川の流れを見つめて、全滅した広島二中の子供たちの名前が刻まれています。

〔制作・広島テレビ放送／構成・松山《まつやま》善三《ぜんぞう》「碑《いしぶみ》」による〕

1 ――線①「あてどもなく探しました」とありますが、父母たちがあてどもなく探していたのは、なぜですか。□に当てはまる言葉を、文章中から抜《ぬ》き出しなさい。〔10点〕

我《わ》が子が、遺体も見つからず、□□□□だったから。

ア 死ぬ前に家族と再会できた息子は幸せ者なのだ。
イ 戦争中に起きた出来事なのだから諦《あきら》めよう。
ウ 死を怖《こわ》がっている息子にうそを言って励《はげ》まそう。
エ 苦しむ息子を一人で死なせるのは忍《しの》びない。

□

7 よく出る ――線⑦「後からでいいよ」とありますが、この言葉から山下君のどのような思いが読み取れますか。次から一つ選び、記号で答えなさい。〔10点〕

ア お母さんには、自分といっしょに死んでほしい。
イ お母さんといっしょに、自分も長生きしたい。
ウ お母さんには、自分の分まで長生きしてほしい。
エ お母さんと、もっとたくさん話をしていたい。

□

8 ――線⑧「広島二中の最後の死亡者」とは、誰《だれ》でしたか。□に当てはまる言葉を、文章中から抜き出しなさい。5点×2〔10点〕

八月ⓐ□、午前八時十分に亡くなったⓑ□君。

9 ――線⑨「広島二中の碑があるのを訪ねてください」とありますが、ここに込《こ》められた気持ちに当てはまらないものを次から一つ選び、記号で答えなさい。〔15点〕

ア 原子爆弾《ばくだん》で全滅した広島二中の生徒を忘れないでほしい。
イ 広島の平和公園には多くの碑があることを知ってほしい。
ウ 戦争の恐《おそ》ろしさや悲惨《ひさん》さを忘れずに伝え続けてほしい。
エ 過酷《かこく》な戦争の事実を知って平和の大切さを学んでほしい。

□

漢字で書こう！ ①わた(る) ②こうげき ③ばくだん
答えは右ページ➡

教科書 p.97～p.105／p.118～p.119／p.120～p.121

私《わたし》のタンポポ研究
日本語探検3 方言と共通語／漢字道場3 漢字の部首

要旨《ようし》

◇夏には猛暑《もうしょ》になる都市部で、雑種タンポポが多く見られるようになったのは、夏の暑さを避《さ》けて発芽する性質と、芽生えが暑さに強い性質を持っていたからである。

5分間攻略ブック p.8

テストに出る！ **ココが要点**

実験①種子の発芽のタイミング（教 p.99～p.100）▶例題

● 筆者が提示している謎《なぞ》…なぜ都市部には雑種タンポポが多いのか。
→種子が発芽するタイミングと芽生えの生き残りやすさを調べた。

● 一つ目の実験では、温度と種子の発芽の関係を調べた。

● 雑種タンポポは、高い温度では発芽しない性質を持つと分かった。

実験②芽生えの生き残りやすさ（教 p.101～p.103）▶予想問題

● 筆者の予想→暑さの中で発芽するセイヨウタンポポは枯《か》れやすい
→夏を避《さ》けて発芽する雑種タンポポは生き残りやすい

● 芽生えの生き残りやすさの実験→雑種タンポポは暑さに強い

● 都市部では、雑種タンポポのほうが生き残りやすいと分かった。

例題 実験①種子の発芽のタイミング

なぜ都市部には雑種タンポポが多いのでしょうか。実は、雑種タンポポでもセイヨウタンポポと同様に、受粉せずに種子が作られます。同じ仕組みで種子ができるのですから、同じように生き残ってもよさそうです。それなのに、セイヨウタンポポは少なくなって、雑種タンポポが多く生き残ったのは、いったいなぜでしょう。

この謎《なぞ》を解くために、私《わたし》は、種子が発芽するタイミングと芽生えの生き残りやすさに注目して実験を行いました。というのも、草花にとって生き残るのが最も難しいのが、芽生えの時期だからです。そして、芽生えの生き残りには、種子がどのようなタイミングで発芽するかが、密接に関係しているのです。

まずは、種子がどの温度でどれくらい発芽するのか

1 よく出る この文章で、筆者はどんなことを謎として提示していますか。

なぜ［　　　］には、［　　　　　　］が多いのかということ。

2 1を調べるために、どのような点に注目して実験を行いましたか。

・種子が発芽する（　　　　）。

・芽生えの（　　　　）。

答えと解説

1 都市部・雑種タンポポ

「謎」や「問い」が示されている文は、**文末の表現が「……でしょうか。」「……ではないか。」などになる。**こうした表現を手がかりにして探す。

2 タイミング・生き残りやすさ

問題文に「どのような点に注目して」とあるので、文章中の**「……に注目して」という表現が使われているところ**に着目する。

漢字を読もう！ ①誰 ②詳しい ③比較
←答えは左ページ

を調べることにしました。

実験では、種子が発芽する割合が温度の違《ちが》いによってどのように変わるかを調べます。具体的には、四度から、三度ずつ高くして三十四度まで、十一段階の温度を設定します。そしてカントウタンポポ、セイヨウタンポポ、雑種タンポポの三種類の種子を用意して、それぞれの温度で毎日何粒《つぶ》が発芽したのかを、三週間にわたって調べるのです。

実験結果をグラフ*とともに見ていきましょう。

カントウタンポポの種子は温度ごとに発芽率が異なりました。二十二度以上では急に発芽率が低くなります。また、低い温度でも発芽率が低くなり、四度ではほとんど発芽しません。このことから、七度から十九度の限られた温度のときによく発芽することが分かります。

セイヨウタンポポの種子は、**カントウタンポポとは異なる発芽パターン**を示しました。調べた温度では、どの温度でもほとんど同じような発芽率でした。つまり、温度に関係なく発芽する性質を備えているのです。

そして、雑種タンポポの種子はというと、発芽率は温度により変化しました。高い温度では、二十五度以上になると急に発芽率が低くなります。低い温度でも、七度以下になると発芽率が低下します。このように、カントウタンポポと同様、高い温度では発芽しない性質を備えていたのです。〔保谷《ほや》 彰彦《あきひこ》「私《わたし》のタンポポ研究」による〕

＊グラフは省略しています。

3 実験ではどのようなことを調べていますか。選びなさい。

ア 水分と芽生えの成長の関係。
イ 温度と種子の発芽の関係。
ウ 環境《かんきょう》と種子の生存の関係。

（　　）

4 カントウタンポポは、どんなときによく発芽しますか。

七度から十九度の［　　　　］温度のときによく発芽する。

5 ——線とありますが、どのようなパターンでしたか。選びなさい。

ア どの温度でも発芽率がほぼ同じになった。
イ 高温のときだけ発芽率が低下した。
ウ 温度に関係なく発芽はしなかった。

（　　）

6 よく出る 実験の結果、雑種タンポポにはどのような性質があると分かりましたか。選びなさい。

ア 温度に関係なく発芽しやすい性質。
イ 高温と低温ではあまり発芽しない性質。
ウ 高温のときに発芽率が高くなる性質。

（　　）

3 イ
「まずは……」から始まる段落に注目する。「**種子がどの温度でどれくらい発芽するのか**」と内容が合うものを選ぶ。

4 限られた
第六段落の「このことから」以降に着目する。**「このことから」や「つまり」などの言葉の後には重要なことが述べられている**ので注意する。

5 ア
カントウタンポポの限られた温度で発芽する性質と**違う性質が述べられているところ**を探す。直後に「どの温度でもほとんど同じような発芽率」と書かれている。

6 イ
「雑種タンポポの種子はというと」以降に書かれている内容に注目する。**高い温度でも低い温度でも発芽率が低下すること**を捉《とら》えよう。

漢字で書こう！ ①だれ ②くわ(しい) ③ひかく
答えは右ページ➡

テストに出る！

予想問題

1 次の文章を読んで、問題に答えなさい。

解答 p.5　30分　/100点

[1] ここで、日本の都市部を襲《おそ》う夏の猛暑《もうしょ》を想像しながら、①セイヨウタンポポと雑種タンポポの芽生えの生き残りやすさについて考えてみましょう。

[2] 雑種タンポポの種子は二十五度以上になると発芽しにくくなるため、その種子の多くは夏には発芽せず、じっと種子のまま過ごすでしょう。これに対して、セイヨウタンポポの種子は三十四度でも発芽することから、夏でも発芽するでしょう。小さな芽生えの状態で、暑さの真っただ中にいると考えられます。

[3] そうだとすれば、暑さの中で発芽するセイヨウタンポポは枯《か》れやすく、涼《すず》しくなってから発芽する雑種タンポポは生き残りやすいのではないでしょうか。

[4] そこで、次に、芽生えの生き残りやすさについて調べることにしました。特に注目するのは「セイヨウタンポポの芽生えは高温で生き残れるのか」ということです。もし生き残れるなら、セイヨウタンポポの種子が暑さの中で発芽しても、②あまり問題はありません。しかし、もしもセイヨウタンポポの芽生えが暑さに弱いのなら、都市部で子孫を残すことは難しいと予想されます。

[5] 発芽実験のときと同様に、三種類のタンポポを比較《ひかく》しました。まず、それぞれの種子を十六度で発芽させます。次に、温度を六度、十六度、二十四度、三十一度、三十六度の五段階に設定し、芽生えを育てます。育て始めてから四週間がたったら、生き残っ

---

1 ——線①「セイヨウタンポポと雑種タンポポの芽生えの生き残りやすさ」について、筆者の予想を簡潔に述べているのは、どの段落ですか。段落番号で答えなさい。〔10点〕

□ 段落

2 よく出る [2]段落で述べられている次の内容について、事実ならAを、筆者の考えならBを書きなさい。 5点×4〔20点〕

ⓐ 雑種タンポポの種子は二十五度以上になると発芽しにくくなる。
ⓑ 雑種タンポポの種子の多くは、夏には発芽せず種子のまま過ごす。
ⓒ セイヨウタンポポの種子は三十四度でも発芽する。
ⓓ セイヨウタンポポの種子は夏でも発芽し、芽生えは暑さにさらされる。

ⓐ□ ⓑ□ ⓒ□ ⓓ□

3 やや難 ——線②「あまり問題はありません」とありますが、なぜですか。「……ができるから。」につながるように、文章中から十一字で抜《ぬ》き出しなさい。〔15点〕

□□□□□□□□□□□ ができるから。

4 ——線③「三十一度以上では、タンポポによって生き残る割合が異なった」とありますが、どのように異なっていたのですか。「雑種タンポポ」「セイヨウタンポポ」という言葉を使って書きなさい。〔10点〕

□

漢字を読もう！　①謎　②避ける　③駆逐
←答えは左ページ

た個体数を調べるのです。

6 今度も実験結果を*グラフとともに見ていきましょう。六度から二十四度までは、どの種類のタンポポも大部分が生き残っていました。ところが、③三十一度以上では、タンポポによって生き残る割合が異なったのです。三十一度でも、三十六度でも、雑種タンポポのほうが、セイヨウタンポポよりも生き残る割合が高くなりました。

7 ここまでの*二つの実験結果から、もう一度、セイヨウタンポポと雑種タンポポの芽生えの生き残りやすさについて考えてみましょう。

8 雑種タンポポの種子には夏の暑さを避《さ》けて発芽する性質があるということが分かりました。涼しくなってから発芽した雑種タンポポは、枯れずに成長するチャンスが高まるでしょう。しかも、もし暑さの中で発芽してしまったとしても、雑種タンポポの芽生えは高温にさらされながら生き残る可能性がありそうです。一方、セイヨウタンポポの種子は暑くても発芽します。しかし、その芽生えは暑さに弱いため、恐《おそ》らく枯れてしまうことが多くなるでしょう。

9 セイヨウタンポポと雑種タンポポでは、種子が作られる仕組みは同じです。しかし、ここまで見てきたような④性質の違《ちが》いによって、日本の都市部では、セイヨウタンポポよりも雑種タンポポのほうが生き残りやすいといえそうです。

〔保谷《ほや》 彰彦《あきひこ》「私《わたし》のタンポポ研究」による〕

*グラフは省略しています。／一つ目の実験は省略しています。

5 よく出る ——線④「性質の違い」とありますが、ⓐ雑種タンポポとⓑセイヨウタンポポにはどんな性質がありますか。次から一つずつ選び、記号で答えなさい。 5点×2〔10点〕

ア 種子はどんな温度でも発芽し、芽生えが高温に強いという性質。
イ 種子は暑くても発芽し、芽生えが暑さに弱いという性質。
ウ 種子は暑くても発芽し、芽生えが高温に強いという性質。
エ 種子は暑さを避けて発芽し、芽生えが高温に強いという性質。

ⓐ　　ⓑ

6 この文章は、どのような構成になっていますか。次から一つ選び、記号で答えなさい。〔15点〕

ア 問い→説明→推測
イ 問題提起→理由→推測
ウ 予想→説明→結論
エ 一般《いっぱん》論→具体例→結論

2 **次の場合、方言と共通語のどちらを使いますか。方言ならA、共通語ならBを書きなさい。** 4点×2〔8点〕

① 学級新聞の記事を書くとき。
② 友達と話をするとき。

①　　②

3 **次の漢字の部首名を後から一つずつ選び、記号で答えなさい。** 2点×6〔12点〕

① 建 ② 泰 ③ 肥 ④ 剛 ⑤ 福 ⑥ 遅

ア したみず　イ つきへん　ウ にくづき
エ しめすへん　オ しんにょう　カ えんにょう
キ りっとう

①　②　③　④　⑤　⑥

漢字で書こう！ ①なぞ ②さ(ける) ③くちく
答えは右ページ➡

教科書 p.122～p.124

月夜の浜辺《はまべ》

主題

◆月夜の浜辺でボタンを見つけた「僕《ぼく》」は、捨てることができずに袂《たもと》に入れる。役に立たないボタンに孤独《こどく》な自分を重ね、愛着を持つ気持ちが表されている。

テストに出る！ ココが要点

詩の形式とリズム

●六連から成る口語自由詩。（歴史的仮名遣《かなづか》いが使われているが、現代の話し言葉で書かれているので口語。）

●七音と五音が詩のリズムの基本となっている。

作者

●作者…中原中也《なかはらちゅうや》　●代表作…「山羊《やぎ》の歌」・「在りし日の歌」

表現技法

●反復…同じ語句を繰《く》り返し用いる。例 月夜の晩に

●対句《ついく》…似た構成で意味も対応する二つの語句を並べる。

例 月に向《むか》つてそれは抛《はふ》れず／浪《なみ》に向つてそれは抛れず

詩の内容

●落ちていた一つのボタンを拾って、捨てられなかった「僕《ぼく》」。

→無用なボタンと、孤独《こどく》な自分の境遇《きょうぐう》を重ねている。

テストに出る！ 予想問題

解答 p.5　30分　100点

次の詩を読んで、問題に答えなさい。

月夜の浜辺《はまべ》　　中原《なかはら》 中也《ちゅうや》

月夜の晩に、ボタンが一つ
波打際《なみうちぎは》《ギワ》に、落ちてゐ《イ》た。

2 この詩の特徴《とくちょう》として適切なものを次から一つ選び、記号で答えなさい。〔10点〕

ア 体言止めを多く用いることで、一定のリズムを生んでいる。
イ 語順を変えて表現することで、一定のリズムを生んでいる。
ウ 同じ音数や同じ言葉の反復で、一定のリズムを生んでいる。
エ 連の行数をそろえることで、一定のリズムを生んでいる。

3 「僕」は、何を見つけましたか。□に当てはまる言葉を、詩の中から抜《ぬ》き出しなさい。5点×2〔10点〕

ⓐ□に落ちていた、一つのⓑ□。

4 やや難 第一連の情景は、どのような印象を与《あた》えますか。次から一つ選び、記号で答えなさい。〔10点〕

ア 幻想《げんそう》的でもの寂《さび》しい印象。
イ 荒々《あらあら》しくて激しい印象。
ウ 華《はな》やかで幸せそうな印象。
エ 爽《さわ》やかで晴れ晴れとした印象。

5 ――線①「月に向つてそれは抛れず」について答えなさい。

(1) よく出る ここで用いられている表現技法を次から一つ選び、記号で答えなさい。〔10点〕

漢字を読もう！ ←答えは左ページ　①浜辺　②僕　③晩

それを拾つ《ヒロッ》て、役立てようと
僕《ぼく》は思つ《オモッ》たわけでもないが
なぜだかそれを捨てるに忍《しの》びず
僕はそれを、袂《たもと》に入れた。

月夜の晩に、ボタンが一つ
波打際に、落ちてゐた。

それを拾つて、役立てようと
僕は思つたわけでもないが
　①月に向《むか》つ《ムカッ》てそれは抛《はふ》《ホウ》れず
　浪《なみ》に向つてそれは抛れず
僕はそれを、袂に入れた。

②月夜の晩に、拾つたボタンは
指先に沁《し》み、心に沁みた。

月夜の晩に、拾つたボタンは
③どうしてそれが、捨てられようか？

1 この詩の形式を、漢字五字で書きなさい。〔10点〕

ア 比喩《ひゆ》　**イ** 擬人法《ぎじんほう》
ウ 倒置《とうち》　**エ** 対句《ついく》

(2) この部分と同じ気持ちを表している部分を、詩の中から十四字で抜き出しなさい。〔10点〕

6 よく出る ——線②「指先に沁み、心に沁みた」という表現から、「僕」はボタンに対してどのような思いを感じていると読み取れますか。次から一つ選び、記号で答えなさい。〔10点〕

ア 恐《おそ》れ　**イ** 嫌悪《けんお》
ウ 賛美　**エ** 共感

7 ——線③「どうしてそれが、捨てられようか？」に込《こ》められた思いを次から一つ選び、記号で答えなさい。〔15点〕

ア いや、捨てなければならない。
イ いや、捨てられない。
ウ いや、捨ててはならない。
エ いや、捨てようと思う。

8 この詩に描《えが》かれている作者の思いとして適切なものを次から一つ選び、記号で答えなさい。〔15点〕

ア 寂しげで誰《だれ》の役にも立たないボタンに、愛着を感じている。
イ 孤独《こどく》な様子で落ちていたボタンに、おもしろさを感じている。
ウ 海に流されずに残ったボタンに、希望を感じている。
エ 美しく価値のありそうなボタンに、憧《あこが》れを感じている。

漢字で書こう！　①はまべ　②ぼく　③ばん
答えは右ページ➡

教科書 p.130～p.134

伊《い》曽《そ》保《ほ》物《もの》語《がたり》

確認《かくにん》

◇「犬と肉《ししむら》のこと」は、欲を出した犬が損をした話。「鳩《はと》と蟻《あり》のこと」は、鳩に恩を受けた蟻が、困っていた鳩を救った話。どちらも前半に物語、後半に教訓が書かれている。

5分間攻略ブック p.10／p.16

テストに出る!
ココが要点

作品
- 古代ギリシャの寓話《ぐうわ》集「イソップ物語」の翻訳《ほんやく》。
- 十六世紀末にローマ字で書かれたものが作られ、その後、漢字仮《か》名《な》交じりの本が刊行された。
- 動物などを題材に、さまざまな教訓が書かれている。

歴史的仮名遣《づか》い
- ワ行の「わゐうゑを」→「ワイウエオ」と発音。
- 語中・語尾《ごび》のハ行の「はひふへほ」→「ワイウエオ」と発音。
- 「かう」「しう」→「こう」「しゅう」と書き、「コー」「シュー」と発音。
- 「む」→「ン」と発音。
- 「ぢ」「づ」→「じ」「ず」と書く。

例題 伊《い》曽《そ》保《ほ》物《もの》語《がたり》

◇犬と肉《ししむら》のこと◇

ある犬、肉をⓐくはへて川を渡《わた》る。真ん中ほどにて、
（ある犬が）

①その影《かげ》水に映りて大きに見えければ、「我《わ》がくはふると
（その姿□　大きく見えたので　私《わたし》がくわえている肉より）

ころの肉より大きなる。」と②心得て、これを捨ててかれ
（大きい　考えて　自分の肉を捨てて相手の肉を）

を取らむとす。かるがⓑゆゑに、③二つながらこれを失ふ。
（取ろうとする　そのために　これらを二つとも）

そのごとく、重欲心《ぢゆうよくしん》の輩《ともがら》は、他の財《たから》を羨《うらや》み、事
（そのように　欲の深い者たちは　他人の財産　何か）

に触《ふ》れて貪《むさぼ》るほどに、たちまち天罰《てんばつ》を被《かうむ》る。我が持
（につけて欲《ほ》しがるので　自分が持っ）

---

1 よく出る ～～線ⓐ・ⓑを現代仮名遣《かなづか》いに直しなさい。

ⓐ（　　　）　ⓑ（　　　）

2 ――線①に平仮名《ひらがな》を一字補いなさい。

その影□水に映りて

3 ――線②とありますが、どのように考えたのですか。現代語で書きなさい。

自分が（　　　）肉よりも、水に（　　　）肉のほうが（　　　）。

答えと解説

1 ⓐくわえて　ⓑゆえ

読み方の決まりを覚えよう。ⓐくはへて→くわえて　ⓑゆゑ→ゆえ

2 が（は）

古文では、**主語を表す「が」「は」の省略**が多いので、補って読む。

3 くわえている・例 映った・大きい

「と心得て」の「と」は**引用を示すので**、直前の「　」の中が考えたこと。犬は川の水に映る自分のくわえた肉を見て、「大きい」と考えたのだ。

漢字を読もう!　①浮く　②影　③報いる
←答えは左ページ

つところの財をも失ふことありけり。
ている

◈鳩《はと》と蟻《あり》のこと◈

ある川のほとりに、蟻遊ぶことありけり。④**にはかに**水かさ増《ま》さりきて、かの蟻を誘《さそ》ひ流る。浮《う》きぬ沈《しづ》みぬするところに、鳩こずゑよりこれを見て、「⑤**あはれなる**ありさまかな。」と、こずゑをちと食ひ切つて川の中に落としければ、蟻⑥**これ**に乗つて渚《なぎさ》に上がりぬ。かかりけるところに、ある人、竿《さを》の先に鳥もちを付けて、かの鳩をささむとす。蟻心に思ふやう、「ただ今の恩を送らむものを。」と思ひ、かの人の足にしつかと食ひつきければ、⑦**おびえあがつて**、竿をかしこに投げ捨てけり。

[現代語訳]

ある川のほとりで、蟻が遊んでいることがあった。急に水の量が増えてきて、その蟻をさらって流れる。浮いたり沈《しず》んだりしているところに、鳩が枝の先からこれを見て、「かわいそうな様子であることだなあ。」と、枝の先を少しかみ切って川の中に落としたところ、蟻はこれに乗って水際《みずぎわ》に上がった。このようなときに、ある人が、竿《さお》の先に鳥もちを付けて、その鳩を捕《と》らえようとする。蟻が心に思うことには、「たった今の恩に報《むく》いたいのだがなあ。」と思い、その人の足にしっかりとかみついたところ、ひどくおびえて、竿をあちらに投げ捨てた。

[「伊曽保物語《いそほものがたり》」による]

4 よく出る ——線③は、何と何ですか。現代語訳からそれぞれ四字で抜《ぬ》き出しなさい。

□□□□　□□□□

5 ——線④・⑤の意味を、現代語訳から抜き出しなさい。

④（　　　）　⑤（　　　）

6 ——線⑥「これ」の指すものを、現代語訳から抜き出しなさい。

（　　　）

7 ——線⑦の主語に当たるものを選びなさい。

ア 蟻　イ 鳩　ウ ある人　（　　）

8 「鳩と蟻のこと」の内容に合うものを選びなさい。

ア 鳩は、ある川のほとりで遊んでいた。
イ 蟻は、人の足にかみついて鳩を助けた。
ウ 蟻は、人間の恩に報いたいと思った。　（　　）

4 自分の肉・相手の肉

「**自分の肉を捨てて相手の肉を取ろう**」として、そのために、二つとも失ったのである。

5 ④急に　⑤かわいそうな

前後の言葉を照らし合わせて、過不足なく抜き出す。**「あはれなり」は「趣《おもむき》がある」「かわいそうだ」「かわいい」など複数の意味を持つ**ので、気をつけよう。

6 枝の先

鳩が、蟻のためにかみ切って川の中に落とした「こずゑ」である。

7 ウ

古文では、**主語の省略**も多い。常に誰《だれ》の動作かを考えよう。

8 イ

誰が何をしたのか、順番に押《お》さえよう。川で流された**蟻は、鳩に助けられた。蟻は**、鳩を捕らえようとした「ある人」の足にかみつき、**鳩を助け、恩返しができた**、という話。

漢字で書こう！　①う（く）　②かげ　③むく（いる）
答えは右ページ➡

テストに出る！

予想問題

解答 p.6　30分　100点

1 次の文章を読んで、問題に答えなさい。

ある犬、肉《ししむら》をくはへて川を渡《わた》る。真ん中ほどにて、①その影《かげ》水に映りて大きに②見えければ、「我《わ》がⓐくはふるところの肉より大きなる。」と心得て、③これを捨ててかれをⓑ取らむとす。かるがゆゑに、二つながらこれを失ふ。

そのごとく、重欲心《じゅうよくしん》の輩《ともがら》は、他の財《たから》を羨《うらや》み、事に触《ふ》れて貪《むさぼ》るほどに、たちまち④天罰《てんばつ》をⓒ被《かうむ》る。我が持つところの財をも失ふことありけり。

〔「伊曽保物語《いそほものがたり》」による〕

1 〰〰線ⓐ「くはふる」、ⓑ「取らむ」、ⓒ「被る」を現代仮名遣《かなづか》いに直し、全て平仮名で書きなさい。　4点×3〔12点〕

ⓐ　　ⓑ　　ⓒ

2 ――線①「その影」とは、何の姿ですか。□に当てはまる言葉を、文章中から抜《ぬ》き出しなさい。〔5点〕

ある犬がくわえた□の姿。

3 ――線②「見えければ」の現代語訳を書きなさい。〔5点〕

2 次の文章を読んで、問題に答えなさい。

ある川のほとりに、蟻《あり》遊ぶことありけり。にはかに水かさ増《ま》さりきて、かの蟻を誘《さそ》ひ流る。浮《う》きぬ沈《しづ》みぬするところに、鳩《はと》ⓐこずゑより①これを見て、「あはれなるありさまかな。」と、こずゑをちとⓑ食ひ切つて川の中に落としければ、蟻これに乗つて渚《なぎさ》に上がりぬ。かかりけるところに、ある人、竿《さを》の先に鳥もちを付けて、かの鳩をささむとす。蟻心にⓒ思ふやう、②「ただ今の恩を送らむものを。」と思ひ、かの人の足にしつかと③食ひつきければ、おびえあがつて、竿をかしこに④投げ捨てけり。そのものの色や知る。しかるに、⑤鳩これを悟《さと》りて、⑥いづくともなく飛び去りぬ。

そのごとく、人の恩を受けたらむ者は、いかさまにもその報《むく》ひをせばやと思ふ志《こころざし》を持つべし。

〔「伊曽保物語《いそほものがたり》」による〕

1 〰〰線ⓐ「こずゑ」、ⓑ「食ひ切つて」、ⓒ「思ふやう」を現代仮《か》名遣《なづか》いに直し、全て平仮名で書きなさい。　4点×3〔12点〕

ⓐ　　ⓑ　　ⓒ

2 ――線①「これを見て」とありますが、何を見たのですか。□に当てはまる言葉を、現代語で書きなさい。　4点×2〔8点〕

川の中でⓐ□するⓑ□を見た。

3 ――線②「ただ今の恩」とは、具体的にどのようなことですか。現代語で書きなさい。〔10点〕

漢字も読もう！　①沈む　②翻訳　③触れる
←答えは左ページ

4 ――線③「これを捨ててかれを取らむとす」について答えなさい。

(1) 何（誰《だれ》）の動作ですか。文章中から抜き出しなさい。〔5点〕

(2) 「これ」「かれ」が指すものを明らかにして、意味を書きなさい。〔5点〕

5 やや難 ――線④「天罰」とありますが、この話ではどのような「天罰」が下ったのですか。現代語で書きなさい。〔10点〕

6 よく出る この話の教訓を次から一つ選び、記号で答えなさい。〔5点〕

ア どんなに慎重《しんちょう》に準備をしても、同時に二つの物を手に入れることは難しい。

イ 行動を起こすときには、あらかじめ危険な所はないか確認《かくにん》しておくとよい。

ウ 十分に考えて取り組めば、自分の宝を失うことなく財産をふやせるのである。

エ 欲を出しすぎて何でも欲《ほ》しがると、罰《ばち》が当たってしまうものなのである。

---

4 ――線③「食ひつきければ」、④「投げ捨てけり」とありますが、何（誰）の動作ですか。次から一つずつ選び、記号で答えなさい。4点×2〔8点〕

ア 蟻　**イ** 鳩

ウ ある人　**エ** 作者

③　④

5 よく出る ――線⑤「鳩これを悟りて」とありますが、鳩はどのようなことを悟ったのですか。次から一つ選び、記号で答えなさい。〔5点〕

ア 川の中に落ちてしまった蟻が助かったこと。

イ 竿《さお》が川のほとりの方に投げ捨てられたこと。

ウ 蟻が恩返しとして自分を助けてくれたこと。

エ ある人が自分を捕《つか》まえようとしていたこと。

6 ――線⑥「いづくともなく飛び去りぬ」の現代語訳を書きなさい。〔5点〕

7 よく出る この話の教訓を次から一つ選び、記号で答えなさい。〔5点〕

ア 川は、急に水かさが増すことがあるので注意が必要だ。

イ 恩を受けたら返したいという気持ちを持つべきである。

ウ ふだんから、知らない人には親切にしておくほうがよい。

エ 自分の背後に敵はいないか、常に気を配るべきである。

漢字で書こう！ ①しず(む)　②ほんやく　③ふ(れる)
答えは右ページ➡

教科書 p.135〜p.143

竹取物語《たけとりものがたり》

確認《かくにん》

◆かぐや姫《ひめ》と育ての親との心の交流、別れ際《ぎわ》の親子の情愛の交感が描《えが》かれている。月の世界における永遠性への憧《あこが》れや人間の持つ感情の美しさや切なさも表されている。

5分間攻略ブック p.10／p.16

テストに出る！

ココが要点

作品

● 成立…平安時代《へいあん》の九世紀末から十世紀初め頃《ごろ》。

● 作者…分かっていない。

● 特徴《とくちょう》…今に伝わる日本で最も古い物語。「源氏物語《げんじものがたり》」では、「物語の出《い》で来《き》はじめの祖《おや》」とよばれる。

古典の言葉の意味

現代語とは意味が少し違《ちが》うものなどがある。

古語「うつくし」…かわいい
現代語「うつくしい」…きれいだ

古語「いと」…たいへん
現代語 使われなくなった語

古典特有の文末表現

例「使ひけり」…使っていた　「ゐたり」…座《すわ》っている

例題　竹取物語《たけとりものがたり》

◈翁《おきな》、かぐや姫《ひめ》を発見◈

今は昔、①**竹取の翁**といふ者ありけり。野山にまじりて竹を取りつつ、②**よろづ**のことに③**使ひけり**。名をば、さぬきのみやつことなむ ⓐ**いひける**。

その竹の中に、もと光る竹なむ一筋《ひとすじ》ありける。あやしがりて、④**寄りて見る**に、筒《つつ》の中光りたり。それを見れば、三寸《さんずん》ばかりなる人、⑤**いと** ⑥ⓑ**うつくしうて** ⓒ**ゐたり**。

[現代語訳]

今はもう昔のことだが、竹取の翁という人がいた。野や山に分け入って竹を取っては、いろいろなことに使っていた。名前を、さぬきのみやつこといった。（ある日のこと、）その竹の中に、根元の光る竹が一

1 よく出る　〰〰線ⓐ〜ⓒを現代仮名遣《かなづか》いに直しなさい。

ⓐ（　　　）
ⓑ（　　　）
ⓒ（　　　）

2 ――線①の名前を抜《ぬ》き出しなさい。

（　　　）

3 ――線②・⑤・⑥の意味を、現代語訳から抜き出しなさい。

答えと解説

1 ⓐいいける　ⓑうつくしゅうて　ⓒいたり

決まりを覚えておく。
ⓐい**ひ**ける→い**い**ける
ⓑうつく**しう**て→うつく**しゅう**て
ⓒ**ゐ**たり→**い**たり

2 さぬきのみやつこ

「竹取の翁」は、「**竹を取ることを仕事にしているおじいさん**」という意味で、名前ではないので注意。

3 ②いろいろ(な)　⑤たいへん

漢字を読もう！　①理屈　②与える　③諦める
←答えは左ページ

本あった。不思議に思って、近寄って見ると、筒の中が光っている。それを見ると、三寸ほどの人が、たいへんかわいらしい様子で座《すわ》っている。

◈かぐや姫、帝《みかど》に手紙を書く◈

そのときに、かぐや姫、「しばし待て。」と言ふ。「衣《きぬ》着せつる人は、心異《こと》になるなりといふ。もの一言、言ひおくべきことありけり。」と言ひて、⑦**文《ふみ》書く**。天《てん》人《にん》、「遅《おそ》し。」と心もとながりたまふ。

かぐや姫、「もの知らぬこと、なのたまひそ。」とて、いみじく静かに、朝廷《おほやけ》に御文《おほんふみ》奉《たてまつ》りたまふ。あわてぬさまなり。

［「竹取物語《たけとりものがたり》」による］

---

②（　　）

⑤（　　）

⑥（　　）

4 ――線③の現代語訳に当たる部分を抜き出しなさい。

（　　）

5 よく出る ――線④は、誰《だれ》の動作ですか。選びなさい。

ア 竹取の翁
イ 三寸ばかりなる人
ウ 作者

（　　）

6 ――線⑦のとき、かぐや姫と天人はどんな様子でしたか。一つずつ選びなさい。

ア 悲しみにくれた様子。
イ いらいらした様子。
ウ あわてている様子。
エ 冷静で落ち着いた様子。

かぐや姫…（　　）
天人……（　　）

---

⑥かわいらしい様子で

古文と現代語訳を**丁寧《ていねい》に対応させて読む。**「よろづ」「いと」は現代では使われなくなった語、「うつくし」は現代語と意味が少し違《ちが》う語。

4 使っていた

古文では、「けり」「たり」など、**文末表現も現代語と異なる。**ここの「けり」は、過去を表している。

5 ア

古文では**主語が省略されることが多い。**ここでは、竹取の翁が根元の光る竹を見つけ、不思議に思って、近寄って見てみたのである。

6 かぐや姫…エ
天人……イ

別れを惜《お》しむ気持ちを伝えるため手紙を書くかぐや姫は**冷静で落ち着いた様子**でいるのに対し、別れを惜しむという気持ちを理解できない天人は**いらいらしている**のである。**対照的な様子**であることを捉《とら》える。

漢字で書こう！ ①りくつ　②あた（える）　③あきら（める）
答えは右ページ➡

テストに出る！

予想問題

解答 p.6　30分　100点

1 次の文章を読んで、問題に答えなさい。

①今は昔、②竹取《たけとり》の翁《おきな》といふ者ありけり。野山にまじりて竹を取りつつ、ⓐよろづのことに使ひけり。名をば、さぬきのみやつことなむいひける。

その竹の中に、もと光る竹なむ一筋《ひとすぢ》ありける。③あやしがりて、寄りて見るに、筒《つつ》の中光りたり。④それを見れば、⑤三寸《さんずん》ばかりなる人、いとうつくしうてゐたり。

翁ⓑ言ふやう、「我、朝ごと夕ごとに見る竹の中におはするにて知りぬ。子になりたまふべき人なめり。」とて、手にうち入れて、⑥家へ持ちて来《き》ぬ。妻の嫗《おうな》に預けて養はす。うつくしきこと、限りなし。いと幼ければ、籠《こ》に入れて養ふ。

〔「竹取物語《たけとりものがたり》」による〕

1 〰〰線ⓐ・ⓑを現代仮名遣《かなづか》いに直し、全て平仮名で書きなさい。　5点×2〔10点〕

ⓐ

ⓑ

2 ——線①「今は昔」の意味を次から一つ選び、記号で答えなさい。〔5点〕

ア　今も昔も違《ちが》いのないことだが
イ　今はもう昔のことだが
ウ　いつのことかは分からないが
エ　昔のことのように思われるが

2 次の文章を読んで、問題に答えなさい。

そのときに、かぐや姫《ひめ》、「しばし待て。」と言ふ。「衣着《きぬき》せつる人は、①心異《こと》になるなりといふ。もの一言、言ひおくべきことありけり。」と言ひて、②文《ふみ》書く。天人《てんにん》、「遅《おそ》し。」と心もとながりたまふ。かぐや姫、「もの知らぬこと、③なのたまひそ。」とて、いみじく静かに、朝廷《おほやけ》に御文奉《おほんふみたてまつ》りたまふ。あわてぬさまなり。

〔「竹取物語《たけとりものがたり》」による〕

1 ——線①「心異になるなり」とありますが、心がどうなってしまうのですか。□に当てはまる言葉を考えて書きなさい。〔10点〕

天《あま》の羽衣《はごろも》を着ると、心が［　　］と異なってしまう。

2 ——線②「文」とは、どのようなものですか。次から一つ選び、記号で答えなさい。〔5点〕

ア　かぐや姫が、不死の薬の飲み方について書いた文書。
イ　かぐや姫から帝に宛《あ》てた、別れを告げるための手紙。
ウ　かぐや姫から翁と嫗《おうな》に宛てた、お礼を伝える手紙。
エ　かぐや姫が天人に、地上に残ることを願い出た文書。

3 やや難 ——線③「なのたまひそ」の現代語訳を書きなさい。〔10点〕

漢字を読もう！　①姫　②筒　③脱ぐ
←答えは左ページ

3 よく出る ——線②「竹取の翁」の仕事の内容が分かる一文を文章中から抜《ぬ》き出し、初めの三字を書きなさい。〔5点〕

4 ——線③「あやしがりて」について答えなさい。

(1)「あやしがりて」の意味を次から一つ選び、記号で答えなさい。〔5点〕

ア おもしろくなって　**イ** 恐《おそ》ろしく思って

ウ 気味悪く思って　**エ** 不思議に思って

(2) どのようなことに対して(1)のように感じたのですか。現代語で書きなさい。〔10点〕

5 ——線④「それ」は、何を指しますか。□に当てはまる言葉を、文章中から抜き出しなさい。　5点×2〔10点〕

根元のⓐ□竹のⓑ□。

6 よく出る ——線⑤「三寸ばかりなる人」は、どのような様子でどうしていましたか。次から一つ選び、記号で答えなさい。〔5点〕

ア たいへん美しい様子でじっとしている。

イ たいへん悲しそうな様子で待っている。

ウ たいへんかわいらしい様子で座《すわ》っている。

エ たいへん心細そうな様子で立っている。

7 ——線⑥「家へ持ちて来ぬ」とありますが、誰《だれ》が誰を家に持って帰ったのですか。文章中から抜き出しなさい。　5点×2〔10点〕

ⓐ□がⓑ□を。

3 次の文章を読んで、問題に答えなさい。

中将《ちゆうじやう》取りつれば、①ふと天《あま》の羽衣《はごろも》②うち着せ奉りつれば、翁を、いとほし、かなしと思《おぼ》しつることもうせぬ。この衣着つる人は、物思ひなくなりにければ、車に乗りて、百人ばかり天人具して、昇《のぼ》りぬ。

〔「竹取物語《たけとりものがたり》」による〕

1 ——線①「ふと」の現代語訳を書きなさい。〔5点〕

2 ——線②「うち着せ奉りつれば」は、誰《だれ》の動作ですか。次から一つ選び、記号で答えなさい。〔5点〕

ア かぐや姫　**イ** 中将

ウ 天人　**エ** 翁

3 かぐや姫の気持ちは、天の羽衣を着る前と着た後で、どのように変化しましたか。次から一つ選び、記号で答えなさい。〔5点〕

ア 天人にせきたてられていらいらしていたが、羽衣を着た後は落ち着きを取り戻《もど》した。

イ 翁たちとの別れを悲しんでいたが、羽衣を着た後は晴れやかな気持ちになった。

ウ 翁たちのことを気の毒だと思っていたが、羽衣を着た後はますます心配になった。

エ 翁たちのことをかわいそうだと思っていたが、羽衣を着た後は悩《なや》みがなくなった。

漢字で書こう!　①ひめ　②つつ　③ぬ(ぐ)
答えは右ページ➡

教科書 p.144～p.147

矛盾《むじゅん》 「韓非子《かんぴし》」より

確認《かくにん》

◆楚人《そひと》が「私《わたし》の盾《たて》は突《つ》き通せるものがないほど堅《かた》く、矛《ほこ》は突き通さないものがないほど鋭《するど》い。」とつじつまの合わない話をした。この故事から「矛盾《むじゅん》」という言葉ができた。

5分間攻略ブック p.10／p.17

テストに出る！

ココが要点

故事成語

● 故事成語…昔の中国の有名な話（＝故事）から生まれた短い言葉。

漢文の読み方

● 訓読…漢文の原文に送り仮名《がな》や返り点などを補って、日本語の文章のように読むこと。その文は訓読文という。

● 書き下《くだ》し文…訓読文を、漢字仮名交じりで書き改めたもの。

例（訓読文）無キレ不ざルレ陥《とほ》サ也《なり》。→（書き下し文）陥さざる無きなり。

● 送り仮名…漢字の右下に片仮名で書く。歴史的仮名遣《づか》いを使う。

● 返り点…漢字の左下に付ける、読む順番を表す記号。

- レ点…下からすぐ上の一字に返って読む。順番 1 3レ 2
- 一・二点…二字以上、下から返って読む。順番 3二 1 2一

例題 1 矛盾《むじゅん》

楚人《そひと》に盾《たて》と矛《ほこ》とを鬻《ひさ》ぐ者有り。之《これ》を誉《ほ》めて曰《い》はく、「吾《わ》が盾の堅《かた》きこと、①**能《よ》く陥《とほ》すもの莫《な》きなり。**」と。又《また》、其《そ》の矛を誉めて曰はく、「吾が矛の利《と》きこと、物に於《お》いて陥さざる無きなり。」と。或《ある》ひと曰はく、「②**子《し》**の矛を以《も》つて、子の盾を陥さば、何如《いかん》。」と。其の人応《こた》ふること能《あた》はざるなり。

〔「矛盾《むじゅん》」『韓非子《かんぴし》』より」による〕

テストに出る！

予想問題

解答 p.7　20分　100点

1 次の文章を読んで、問題に答えなさい。

楚人《そひと》に盾《たて》と矛《ほこ》とを鬻《ひさ》ぐ者有り。①之《これ》を誉《ほ》めて曰《い》はく、「吾《わ》が盾の堅《かた》きこと、能《よ》く陥《とほ》すもの莫《な》きなり。」と。又《また》、②其《そ》の矛を誉めて曰はく、「吾が矛の③利《と》きこと、④物に於《お》いて陥さざる無きなり。」と。或《ある》ひと曰はく、「子《し》の矛を以《も》つて、子の盾を⑤陥さば、何如《いかん》。」と。⑥其の人応《こた》ふること能《あた》はざるなり。

〔「矛盾《むじゅん》」『韓非子《かんぴし》』より」による〕

1 よく出る ――線①「之」とは、何のことですか。文章中から一字で抜《ぬ》き出しなさい。〔15点〕

2 ――線②「其の矛を誉めて曰はく」という書き下《くだ》し文になるように、正しく返り点を付けたものを次から一つ選び、記号で答えなさい。〔15点〕

ア 誉メテレ其ノ矛ヲ曰ハク　イ 誉メテレ其ノ矛ヲレ曰ハク

ウ 誉メテ二其ノ矛ヲ一曰ハク　エ 誉メテ二其ノ一矛ヲ曰ハク

3 よく出る ――線③「利きこと」の意味を次から一つ選び、記号で答えなさい。〔10点〕

ア 軽いこと　イ 丈夫《じょうぶ》なこと

ウ 鋭《するど》いこと　エ 便利なこと

漢字を読もう！ ①突き通す ②切り離す ③矛盾

←答えは左ページ

1 ――線①の意味を選びなさい。

ア　いつでも突《つ》き通せるのだ。
イ　突き通せるものはないのだ。
ウ　突き通せるかもしれないのだ。

（　　　）

2 ――線②は「あなた」という意味ですが、この語が指すものを選びなさい。

ア　盾と矛とを鬻ぐ者
イ　或ひと
ウ　韓非子

（　　　）

3 よく出る 故事成語「矛盾」の意味を書きなさい。

（　　　　　　　　　　）

例題 ② 漢文の読み方

1 次の訓読文を書き下《くだ》し文に直しなさい。（――線の字は平仮名《ひらがな》で書きなさい。）

① 誉《ほ》メテレ之《これ》ヲ曰《い》ハク

（　　　　　　　　　　）

② 莫《な》キ二能《よ》ク陥《とほ》スモノ一也《なり》

（　　　　　　　　　　）

答えと解説

1 イ

「能く」は可能、「莫き」は打ち消しの意味。

2 ア

「盾と矛とを鬻ぐ者」の話を聞いた「或ひと」が、「あなたの矛で、あなたの盾を突いたら、どうであるか。」と尋《たず》ねたのである。

3 例 つじつまが合わないこと。

突き通せるものはない盾と、何でも突き通す矛では、つじつまが合わない。

1 ①之を誉めて曰はく
②能く陥すもの莫きなり

①は2 1 3の順、②は3 1 2 4の順に読む。送り仮名を平仮名に直すのも忘れないようにする。

4 やや難 ――線④「物に於いて陥さざる無きなり」の意味を、現代語で分かりやすく書きなさい。〔15点〕

（　　　　　　　　　　）

5 ――線⑤「陥さば、何如」の意味を次から一つ選び、記号で答えなさい。〔10点〕

ア　突いてくれ　　イ　突いてはいけないよ
ウ　突けばいい　　エ　突いたら、どうであるか

（　　）

6 ――線⑥のように、「其の人」が答えることができなかったのは、なぜですか。次から一つ選び、記号で答えなさい。〔15点〕

ア　自分の言うことを信じてくれない人に腹が立ったから。
イ　自分の言葉のつじつまが合わない点を指摘《してき》されたから。
ウ　「或ひと」の質問の意味が全く分からなかったから。
エ　だいじな商品なので、傷などつけたくなかったから。

（　　）

2 次の故事成語の意味を後から一つずつ選び、記号で答えなさい。5点×4〔20点〕

① 推敲《すいこう》　② 蛇足《だそく》
③ 背水の陣《じん》　④ 五十歩百歩

ア　加える必要のない余計なもの。
イ　文章の表現を練り直すこと。
ウ　程度が違《ちが》うだけで本質的には変わらないこと。
エ　絶対に失敗できないという覚悟《かくご》で事に当たること。

①（　）②（　）③（　）④（　）

漢字で書こう! ①つ(き)とお(す)　②き(り)はな(す)　③むじゅん
答えは右ページ➡

日本語探検4 語の意味と文脈・多義語
文法の窓3 単語の分類

確認《かくにん》
◇語の形が変化することを活用という。
◇活用のある自立語は、動詞・形容詞・形容動詞。この三つを用言という。

5分間攻略ブック p.11／p.19

テストに出る！ ココが要点

文法の窓3 単語の分類

● 自立語…それだけで一文節になれる単語。
● 付属語…それだけでは一文節になれない単語。
● 活用……語の形が変化すること。
● 体言……活用せず、主語になるもの。＝名詞
● 用言……活用し、述語になるもの。＝動詞・形容詞・形容動詞
● 品詞の種類…名詞・動詞・形容詞・形容動詞・連体詞・副詞・接続詞・感動詞・助動詞・助詞

単語		品詞	働きや性質
自立語	活用する 述語になる（用言）	動詞	言い切りの形がウ段の音で終わる。
自立語	活用する 述語になる（用言）	形容詞	言い切りの形が「い」で終わる。
自立語	活用する 述語になる（用言）	形容動詞	言い切りの形が「だ」（「です」）で終わる。
自立語	活用しない	名詞	主語になる。（体言）
自立語	活用しない	連体詞	連体修飾《しゅうしょく》語になる。
自立語	活用しない	副詞	主に連用修飾語になる。
自立語	活用しない	接続詞	接続語になる。
自立語	活用しない	感動詞	独立語になる。
付属語	活用する	助動詞	意味を添《そ》える、気持ちを表すなど。
付属語	活用しない	助詞	語句と語句の関係、気持ちを表すなど。

テストに出る！ 予想問題

解答 p.7　20分　100点

日本語探検4 語の意味と文脈・多義語

1 次の――線の多義語の意味をそれぞれ後から一つずつ選び、記号で答えなさい。 3点×6〔18点〕

①
A 教室の椅子《いす》にかける。
B 準備に時間をかける。
C 先生が号令をかける。

ア 費《つい》やす　イ 働きかける　ウ 腰《こし》を下ろす

②
A 火の手が上がる。
B 次に打つ手がない。
C 忙《いそが》しくて手が足りない。

ア 仕事をする人　イ 勢い　ウ 方法

①	
A	
B	
C	

②	
A	
B	
C	

文法の窓3 単語の分類

2 よく出る 次の文の自立語に――線を引き、付属語に＝＝線を引きなさい。 完答4点×3〔12点〕

① 兄は塾《じゅく》に通っている。
② 海から吹《ふ》く風がとても爽《さわ》やかだ。
③ 桑《くわ》の実は食べられる。

漢字を読もう！ ①疲れる ②解釈 ③早速
←答えは左ページ

例題

1 次の文の自立語に――線を引きなさい。

部屋の中は静かだ。

2 次の文の活用する語に――線を引きなさい。

① 木の下にきれいな花が咲《さ》く。
② 毎朝、冷たい牛乳を飲みます。

3 ――線の語の品詞を選びなさい。

① おいしいケーキを食べた。（　）
② 消しゴムとノートを買う。（　）
③ この問題は、簡単だ。（　）
④ しばらく様子を見る。（　）
⑤ 白い犬が、歩いている。（　）
⑥ ああ、空が真っ青だ。（　）
⑦ 小さな庭のある家。（　）
⑧ 万年筆またはペンで書く。（　）
⑨ 私も、テニス部の部員だ。（　）
⑩ 雨は降らないらしい。（　）

ア 名詞　**イ** 動詞　**ウ** 形容詞
エ 形容動詞　**オ** 連体詞　**カ** 副詞
キ 接続詞　**ク** 感動詞
ケ 助動詞　**コ** 助詞

答えと解説

1 部屋・中・静かだ

文節の初めには、必ず**自立語**がある。

2 ①きれいな・咲く　②冷たい・飲み・ます

「**た**」や「**ば**」を付けて、形が変われば活用する語。①「**きれいだった**」「**咲いた**」

3 ①ウ　②イ　③エ　④カ　⑤ア　⑥ク　⑦オ　⑧キ　⑨コ　⑩ケ

①～③は、自立語で活用する。**言い切りの形**によって、品詞を判断する。①言い切りが「**い**」→形容詞、②言い切りが**ウ段の音**→動詞、③言い切りが「**だ・です**」→形容動詞。④～⑧は自立語で活用しない。⑨・⑩は付属語。⑨は**活用しない**→助詞。⑩は**活用する**→助動詞。

---

3 よく出る　次の――線の品詞名を書きなさい。　4点×10〔40点〕

・①おや、②鳥が飛んでいる。
・春になった。③しかし、まだ④寒い。
・⑤この家に⑥住みたい。
・ここ⑦にいれば⑧安全だ。
・明日は雪が⑨たくさん降る⑩そうだ。

①	②	③	④

⑤	⑥	⑦	⑧

⑨	⑩

4 次の――線のうち、①補助動詞・②補助形容詞はどれですか。一つずつ選び、記号で答えなさい。　5点×2〔10点〕

ア あまり高くない。　**イ** 今日は宿題がない。
ウ テレビをみる。　**エ** 本屋に寄ってみる。

①	②

5 やや難　次の――線の品詞を後から一つずつ選び、記号で答えなさい。　5点×4〔20点〕

① A 元気に山道を登った。
　 B さらに風が強まった。
② A ある海辺の町。
　 B 別荘《べっそう》地にある海。

ア 動詞　**イ** 形容詞
ウ 形容動詞　**エ** 名詞
オ 連体詞　**カ** 副詞

	①	②
A		
B		

漢字で書こう！　①つか（れる）　②かいしゃく　③さっそく
答えは右ページ➡

少年の日の思い出

教科書 p.154～p.168

主題

◇エーミールのチョウを盗《ぬす》んでつぶしてしまった「僕《ぼく》」は、一度起きたことは償《つぐな》いができないことを悟《さと》り、自分のチョウを押し潰《つぶ》すことで自分自身を罰《ばっ》する。

⇨5分間攻略ブック p.11

テストに出る！ ココが要点

チョウを盗《ぬす》み、潰《つぶ》してしまう（教 p.161～p.162）▼予想問題

それぞれの場面で、「僕《ぼく》」の心情がさまざまに変化する。

- チョウを手に入れたいという欲望。→盗みを犯《おか》す。大きな満足感。
- 良心に目覚めて返しに行くが、チョウは潰れてしまっていた。
- 盗みをしたという気持ちより、自分が潰してしまった美しい珍《めずら》しいチョウを見ているほうが、「僕」の心を苦しめた。

エーミールへの謝罪（教 p.165～p.166）▼例題

- 「僕」は母に全てを打ち明け、エーミールに謝罪に行く。
- エーミールは謝罪を受け入れず、ただ「僕」を眺《なが》めて軽蔑《けいべつ》する。
- 「僕」は、一度起きたことは償《つぐな》いができないものだと悟《さと》る。
- 「僕」は、自分を罰《ばっ》するために、自分のチョウを粉々に押《お》し潰す。

→情熱を傾《かたむ》けたチョウの収集と決別する。

例題 エーミールへの謝罪

（エーミールの家にやってきた「僕」は、クジャクヤママユを台なしにしてしまったのが自分であることを、エーミールに詳《くわ》しく話し、説明しようとした。）

すると、エーミールは激したり、僕《ぼく》を怒鳴《どな》りつけたりなどはしないで、低く、ちぇっと舌を鳴らし、しばらくじっと僕を見つめていたが、それから「そうか、そうか、つまり君は①**そんなやつ**なんだな。」と言った。

僕は彼《かれ》に僕のおもちゃをみんなやると言った。それでも彼は冷淡《れいたん》に構え、依然《いぜん》僕をただ軽蔑《けいべつ》的に見つめていたので、僕は自分のチョウの収集を全部やると言った。しかし彼は、「けっこうだよ。僕は君の集めたやつはもう知っている。そのうえ、今日また、君がチョ

1 ——線①が指しているものを選びなさい。

ア うそをついて、ごまかそうとするやつ。
イ 人の物を盗《ぬす》んで、壊《こわ》してしまうやつ。
ウ 悪いことをしたのに反省しないやつ。

（　　）

2 エーミールの、「僕」に対する態度を表す漢字二字の言葉を、三つ抜《ぬ》き出しなさい。

□□　□□　□□

3 「僕」が——線②のようになったのは、なぜですか。後の□から選びなさい。

答えと解説

1 イ

エーミールからすれば、「僕」は**人の物を盗んだ**うえに、**それを潰してしまう**ようなやつに見えている。

2 冷淡・軽蔑・冷然

冷淡…思いやりがなく冷たい。
軽蔑…見下すこと。
冷然…冷ややかな様子。

3 否定

直前のエーミールの言葉は、

漢字を読もう！ ①誘惑 ②珍しい ③網
←答えは左ページ

ウをどんなに取り扱《あつか》っているか、ということを見ることができたさ。」と言った。

その瞬間《しゅんかん》、僕は②**すんでのところであいつの喉笛《のどぶえ》に飛びかかるところだった**。もうどうにもしようがなかった。僕は悪漢だということに決まってしまい、エーミールはまるで世界のおきてを代表でもするかのように、冷然と、正義を盾《たて》に、侮《あなど》るように、僕の前に立っていた。彼は罵《ののし》りさえしなかった。ただ僕を眺《なが》めて、軽蔑していた。

そのとき初めて僕は、一度起きたことは、もう償《つぐな》いのできないものだということを悟《さと》った。僕は立ち去った。③**母が根掘《ねほ》り葉掘り聞こうとしないで、僕にキスだけして、構わずにおいてくれたことをうれしく思った。**僕は、床《とこ》にお入り、と言われた。僕にとってはもう遅《おそ》い時刻だった。だが、その前に僕は、そっと食堂に行って、大きなとび色の厚紙の箱を取ってき、それを寝台《しんだい》の上に載《の》せ、闇《やみ》の中で開いた。そして④**チョウを一つ一つ取り出し、指で粉々に押《お》し潰《つぶ》してしまった。**

〔ヘルマン・ヘッセ／高橋《たかはし》 健二《けんじ》・訳「少年の日の思い出」による〕

自分の、チョウに対する気持ちを（　　　）されたから。

尊敬　否定　心配

4 よく出る　エーミールとのやりとりを通して、「僕」はどのようなことを悟りましたか。

一度起きたことは、もう［　　　］のできないものだということ。

5 ——線③のとき、母はどのような気持ちでしたか。考えて書きなさい。

勇気を出して謝罪に行った「僕」を（　　　）気持ち。

6 よく出る　——線④には、「僕」のどのような思いが込《こ》められていますか。二つ選びなさい。

ア　自分で自分を罰《ばっ》するしかない。
イ　自分の貧弱《ひんじゃく》な収集が恥《は》ずかしい。
ウ　チョウを収集するのはもうやめよう。
エ　エーミールへの恨《うら》みを晴らしたい。

（　　）（　　）

「僕」にとって屈辱《くつじょく》的な言葉である。「僕」は、自分のチョウへの**情熱を否定されて、怒《いか》りがこみ上げた**のだ。

4 償い

僕は、埋《う》め合わせにしようと思ったおもちゃやチョウをエーミールに拒絶《きょぜつ》され、軽蔑的な態度をとられたことにより、**一度犯《おか》した罪は決して消えない、償えないということを思い知らされた**のだ。

5 例 いたわる

母は、罪の告白が「僕」にとってどれほどたいへんだったかを理解し、**エーミールに謝罪に行った「僕」がつらい思いをしたことを察して、**そっとしておいてくれたのだ。

6 ア・ウ

謝罪を受け入れてもらえなかった「僕」は、**大切な収集を潰すことで自分を罰した**のである。また、取り返しのつかないことを起こす原因となった、**チョウへの思いを断ち切らなければならない**という気持ちも表れている。

漢字で書こう！　①ゆうわく　②めずら(しい)　③あみ

答えは右ページ➡

テストに出る！

予想問題

次の文章を読んで、問題に答えなさい。

解答 p.8　30分　100点

せめて例のチョウを見たいと、①僕《ぼく》は中に入った。そしてすぐに、エーミールが、収集をしまっている二つの大きな箱を手に取った。どちらの箱にも見つからなかったが、やがて、そのチョウはまだ展翅《てんし》板に載《の》っているかもしれないと思いついた。果たしてそこにあった。とび色のビロードの羽を細長い紙切れに張り伸《の》ばされて、クジャクヤママユは展翅板に留められていた。僕はその上にかがんで、毛の生えた赤茶色の触角《しょっかく》や、優雅《ゆうが》で、果てしなく微妙《びみょう》な色をした羽の縁《ふち》や、下羽の内側の縁にある細い羊毛のような毛などを残らず、間近から眺《なが》めた。あいにくあの有名な斑点《はんてん》だけは見られなかった。細長い紙切れの下になっていたのだ。

ⓐ胸をどきどきさせながら、僕は紙切れを取りのけたいという誘《ゆう》惑《わく》に負けて、留め針を抜《ぬ》いた。すると、四つの大きな不思議な斑点が、挿絵《さしえ》のよりはずっと美しく、ずっとすばらしく、僕を見つめた。それを見ると、②この宝を手に入れたいという逆らいがたい欲望を感じて、僕は生まれて初めて盗《ぬす》みを犯《おか》した。僕はピンをそっと引っ張った。チョウはもう乾《かわ》いていたので、形は崩《くず》れなかった。僕はそれを手のひらに載せて、③エーミールの部屋から持ち出した。そのときさしずめ僕は、大きな満足感のほか何も感じていなかった。

チョウを右手に隠《かく》して、僕は階段を下りた。そのときだ。下の方から誰《だれ》か僕の方に上がってくるのが聞こえた。その瞬間《しゅんかん》に僕の

1 ——線①「僕は中に入った」とありますが、どのような思いでエーミールの部屋に入ったのですか。次から一つ選び、記号で答えなさい。〔10点〕

ア　クジャクヤママユを自分のものにしたいという思い。
イ　エーミールが部屋にいるか確かめたいという思い。
ウ　クジャクヤママユをひとめでも見てみたいという思い。
エ　エーミールのチョウを潰してやりたいという思い。

2 ——線②「この宝を手に入れたいという逆らいがたい欲望」を「僕」が感じたのは、直接的にはどのようなことがきっかけとなっていますか。〔15点〕

3 よく出る ——線③「エーミールの部屋から持ち出した」とありますが、このとき、「僕」はどのような気持ちでしたか。次から一つ選び、記号で答えなさい。〔15点〕

ア　憎《にく》いエーミールがだいじにしているチョウを盗んでやったという、晴れ晴れとした気持ち。
イ　珍しいチョウを手に入れたことを喜びつつも、エーミールに対してすまないという気持ち。
ウ　いくら欲《ほ》しかったからとはいえ、他人のチョウを盗んでしまったことを後悔《こうかい》する気持ち。
エ　盗みをしたことへの罪悪感はまるでなく、欲しかったチョウを手に入れて満足する気持ち。

漢字を読もう！　①繕う　②獲物　③畳む
←答えは左ページ

良心は目覚めた。僕は突然《とつぜん》、自分は盗みをした、下劣《げれつ》なやつだということを悟《さと》った。同時に見つかりはしないか、という恐《おそ》ろしい不安に襲《おそ》われて、僕は本能的に、獲物《えもの》を隠していた手を、上着のポケットに突《つ》っ込《こ》んだ。ゆっくりと僕は歩き続けたが、大それた恥《は》ずべきことをしたという、冷たい気持ちに震《ふる》えていた。上がってきたお手伝いさんと、びくびくしながら擦《す》れ違《ちが》ってから、僕はⓑ胸をどきどきさせ、額に汗《あせ》をかき、落ち着きを失い、④自分自身におびえながら、家の入り口に立ち止まった。

すぐに僕は、このチョウを持っていることはできない、持っていてはならない、元に返して、できるなら何事もなかったようにしておかねばならない、と悟った。そこで、人に出くわして見つかりはしないか、ということを極度に恐れながらも、急いで引き返し、階段を駆《か》け上がり、一分ののちにはまたエーミールの部屋の中に立っていた。僕はポケットから手を出し、チョウを机の上に置いた。それをよく見ないうちに、僕はもうどんな⑤不幸が起こったかということを知った。そして泣かんばかりだった。クジャクヤママユは潰《つぶ》れてしまったのだ。前羽が一つと触角が一本なくなっていた。ちぎれた羽を用心深くポケットから引き出そうとすると、羽はばらばらになっていて、繕《つくろ》うことなんか、もう思いもよらなかった。

盗みをしたという気持ちより、自分が潰してしまった美しい珍《めずら》しいチョウを見ているほうが、⑥僕の心を苦しめた。

〔ヘルマン・ヘッセ／高橋《たかはし》 健二《けんじ》・訳「少年の日の思い出」による〕

4 よく出る 〰〰線ⓐ・ⓑの「胸をどきどきさせ」には、それぞれ「僕」のどのような気持ちが表れていますか。次から一つずつ選び、記号で答えなさい。 10点×2〔20点〕

ア 感心　**イ** 怒《いか》り　**ウ** 不安
エ 安心　**オ** 驚《おどろ》き　**カ** 期待

ⓐ［　　］ ⓑ［　　］

5 ——線④「自分自身におびえながら」とありますが、このとき「僕」はどのような気持ちでしたか。［　］に当てはまる言葉を、文章中から抜き出しなさい。 5点×2〔10点〕

自分がⓐ［　　］を犯すというⓑ［　　　　　　］ことをしたということが信じられず、こわくなる気持ち。

6 やや難 ——線⑤「不幸」とは、どのようなことですか。〔15点〕

［　　　　　　］

7 ——線⑥「僕の心を苦しめた」とありますが、このとき「僕」の心を最も苦しめたものを次から一つ選び、記号で答えなさい。〔15点〕

ア チョウを自分のものにできなかったこと。
イ 美しい珍しいチョウが壊《こわ》れてしまったこと。
ウ 他人のチョウを盗んでしまったこと。
エ エーミールにチョウを返せなくなったこと。

［　］

漢字で書こう！ ①つくろ(う) ②えもの ③たた(む)
答えは右ページ➡

文法の窓4 名詞
漢字道場4 他教科で学ぶ漢字

確認《かくにん》

◆名詞には、普通《ふつう》名詞・固有名詞・数詞・代名詞・形式名詞がある。
◆名詞には、いろいろな成り立ちのものがある。

5分間攻略ブック p.12／p.20

テストに出る！
ココが要点

文法の窓4 名詞

● 名詞の種類…五種類ある。

普通《ふつう》名詞…物事を表す一般《いっぱん》的な名詞。 例魚・希望
固有名詞…一人一人の人や、一つ一つの物や場所などに付けられた名前を表す名詞。 例太宰治《だざいおさむ》・日本
数詞……物の数や順序を表す名詞。 例二枚・三歳《さい》
代名詞…
- **人称《にんしょう》代名詞**…人を指し示す名詞。 例彼《かれ》・あなた
- **指示代名詞**…物事や場所などを指し示す名詞。 例それ・こちら

形式名詞…もともとの意味をなくして、修飾《しゅうしょく》語と結び付いて用いられる名詞。 例食べることが好きだ。

● いろいろな成り立ちの名詞
- 用言から名詞になったもの（**転成**名詞） 例喜ぶ→喜び
- **形容詞**・**形容動詞**の一部＋接尾《せつび》語 例重い→重さ・重み
- **名詞**＋接頭語・接尾語 例お茶・ご案内・山田さん
- 複数の単語が結び付いたもの（**複合**名詞） 例花＋火→花火

例題

1 次の各文から名詞を全て抜《ぬ》き出しなさい。
① 私《わたし》は、夏休みに東京へ行きます。

答えと解説

1 ① 私・夏休み・東京
② 三人・とき

テストに出る！
予想問題

解答 p.8　20分　100点

文法の窓4 名詞

1 よく出る 次の――線の名詞の種類を後から選び、記号で答えなさい。 3点×8〔24点〕

① こんなことは二度とない。
② 明るい未来がやって来る。
③ うまくいくわけがない。
④ 徳川家康《とくがわいえやす》に関する逸話《いつわ》。
⑤ 傘《かさ》はそこに置いてください。
⑥ 明日の予定を決める。
⑦ みかんをいくつ食べますか。
⑧ 彼女《かのじょ》は水泳が得意だ。

ア 普通《ふつう》名詞　イ 固有名詞　ウ 数詞
エ 代名詞　オ 形式名詞

①	
②	
③	
④	
⑤	
⑥	
⑦	
⑧	

2 次の――線の名詞の種類を書きなさい。 4点×6〔24点〕

①パリで絵を学ぶ②こと、③それが④私《わたし》の⑤目標だ。⑥五年で達成したい。

①	②	③
④	**⑤**	**⑥**

3 次の文から、人称《にんしょう》代名詞を一つ、指示代名詞を一つ抜《ぬ》き出しなさい。 4点×2〔8点〕

漢字を読もう！ ①掃除 ②脊椎 ③貝塚
←答えは左ページ

② 三人で集まるときが楽しい。
（　　　）（　　　）

③ 駅へ降りると、懐《なつ》かしさが込《こ》み上げた。
（　　　）（　　　）

④ これは、先生からのお手紙です。
（　　　）（　　　）

2 ——線の名詞の種類を選びなさい。

① 鉛筆《えんぴつ》は使いやすい。（　　　）
② 二階にある部屋。（　　　）
③ 「徒然草《つれづれぐさ》」を読む。（　　　）
④ 彼《かれ》には困ったものだ。（　　　）
⑤ あそこまで泳ごう。（　　　）

ア 普通《ふつう》名詞　**イ** 固有名詞
ウ 数詞　**エ** 代名詞
オ 形式名詞

3 ——線の名詞の、もともとの品詞を選びなさい。

① 川の流れが速い。（　　　）
② 朗《ほが》らかさがとりえだ。（　　　）
③ 深みのある赤色。（　　　）

ア 動詞　**イ** 形容詞
ウ 形容動詞

---

③ 駅・懐かしさ
④ これ・先生・お手紙

下に「**が**」を付けて**主語**になれば、**名詞**であることが多い。
③「懐かしさ」は、形容詞「懐かしい」からできた名詞。

2 ①ア　②ウ　③イ　④オ　⑤エ

名詞が何を表しているかつかむ。
②**数字を含《ふく》む**のは、**数詞**。ただし、「何日」など、数がはっきりしないものも数詞になるので注意。
⑤代名詞は、「**こ**」「**そ**」「**あ**」「**ど**」で始まる言葉が多い。

3 ①ア　②ウ　③イ

ウ段の音か「**い**」か「**だ**」で終わる語に戻《もど》す。
①流れる→**ウ段の音**→動詞
②朗らかだ→「**だ**」→形容動詞
③深い→「**い**」→形容詞

あなたはこの二つの絵のうち、どちらが好きですか。

人称代名詞	指示代名詞

4 次の——線のうち、形式名詞はどちらですか。記号で答えなさい。〔4点〕

ア 田中さんは今帰ったところだ。
イ 私の家はここからすぐのところです。

（　　　）

5 よく出る 次の名詞と同じ種類の名詞をそれぞれ下から一つずつ選び、記号で答えなさい。 4点×4〔16点〕

① ドイツ〔**ア** りんご　**イ** 国　**ウ** 太平洋　**エ** 鳥〕
② 君〔**ア** 一人　**イ** 学生　**ウ** 誰《だれ》　**エ** 姉〕
③ 四月〔**ア** 年月　**イ** 何歳《さい》　**ウ** 一郎《いちろう》　**エ** 多さ〕
④ 机〔**ア** 知識　**イ** 東京　**ウ** 千円　**エ** どこ〕

①	②	③	④

6 やや難 次の動詞・形容詞・形容動詞から名詞を作りなさい。（他の語を付ける場合は、接頭語・接尾《せつび》語に限ります。） 4点×4〔16点〕

① 話す　② おもしろい　③ 確かだ　④ 助ける

①	②	③	④

漢字道場４　他教科で学ぶ漢字

7 次の——線の漢字の読み仮名《がな》を書きなさい。 4点×2〔8点〕

① 古墳の発掘《はっくつ》。
② 米を収穫する。

①	②

漢字で書こう！ ①そうじ　②せきつい　③かいづか
答えは右ページ➡

風を受けて走れ

要旨《ようし》

◇臼井《うすい》二美男《ふみお》の強い信念と努力により、日本でも走れる義足の人が増えてきた。臼井は、風のように選手に寄り添《そ》い人生の幅《はば》を広げることが自分の役割だと思う。

5分間攻略ブック p.13

テストに出る！

ココが要点

最初の挑戦者《ちょうせん》、柳下孝子《やぎしたたかこ》（教 p.175～p.176）➤例題

- 柳下孝子が、**走れる足部《そくぶ》**と油圧の**膝継手《ひざつぎて》**を着けて走ることに成功。
  ↓**そよ風**を感じることで、走っている**実感**が全身に伝わった。
- 臼井《うすい》は脚《あし》を失った人々のサポートをやり続ける**決意**を固める。
- 比喩《ひゆ》による表現↓大腿《だいたい》義足の人＝**原石**　臼井＝**掘《ほ》り手**

臼井と選手たちにとっての「風」（教 p.176～p.179）➤予想問題

- 「**板バネ**」の登場。↓義足の若者をランナーに**変身**させる。
- 臼井は**初心**を忘れまいと思う↓何より**初心者**をだいじにしたい。
- 「風」…臼井にとっては選手をサポートする**存在**、選手にとっては「再び走れるようになった**証明**」。

例題　最初の挑戦《ちょうせん》者、柳下孝子《やぎしたたかこ》

　最初の試みは、臼井《うすい》の仕事場である東京身体障害者福祉《ふくし》センターの廊下《ろうか》で行われた。柳下はふだん使っている義足のまま、交互《こうご》に両脚《りょうあし》を出して、小走りに進んでみせた。

　次の機会には、アメリカ製の走れる足部《そくぶ》と油圧の膝《ひざ》継手《つぎて》を着けて試《ため》してみた。油圧の膝は折れることもなく、小走りの脚の動きについてきた。

　□、二人は外の道路に出た。臼井が見守る中、柳下はゆっくりとスタートした。最初は早歩き。それから小走り。足は交互に出ている。両足が浮《う》いている。確かに走っているということだ。

①「**できる、できる、私《わたし》はちゃんと走れる。**」

柳下は夢中で走った。力を込《こ》めて路面を蹴《け》った。小

1 □に当てはまる言葉を選びなさい。

ア　つまり
イ　そこで
ウ　ところで
（　　）

2 ――線①と言ったとき、柳下孝子はどんな気持ちでしたか。選びなさい。

ア　成功を喜び、かみしめる気持ち。
イ　走れたことを自慢《じまん》したい気持ち。
ウ　転倒《てんとう》することを恐《おそ》れる気持ち。（　　）

3 歩くことや走ることは、義足ではない多くの人にとってどのようなことですか。

（　　　　　　　　）

答えと解説

1 イ

「最初の試み」と「次の機会」の結果に基づいて、外の道路で「走る」ことに挑戦したということをつかむ。

2 ア

できないと思っていた走ることができるようになった柳下孝子の気持ちを捉《とら》える。

3 あたりまえのこと。

義足ではない多くの人と義足の人の「**走ること**」に対する**捉え方の違《ちが》い**を理解する。

漢字を読もう！　①連絡　②挑戦者　③悩み
←答えは左ページ

走りが次第《しだい》にスピードを増していく。すっきりと晴れた青空。吹《ふ》き過ぎるそよ風。走っているという実感が、彼女《かのじょ》の全身に伝わった。

臼井は喜びをかみしめていた。多くの人は、歩けるのも走れるのもあたりまえのことだと思い込んでいる。だが、脚をなくした人たちからすれば、その失われた動作は、深い喪失《そうしつ》感に結び付いているのではないか。②**走ることを取り戻《もど》す**だけで、脚を失った人々の悩《なや》みが全て解決されるわけではない。しかし、そこからきっと何かが始まるはずだという予感が臼井にはあった。

「やる気がありさえすれば、走るという動作をもう一度取り戻せるのは間違《まちが》いない。」

臼井は確信した。「やり続けなきゃいけない。」という決意が固まったのは、そのときだ。
③**きらきら光る原石**を見つけたのだと彼《かれ》は思った。走れないと誰《だれ》もが思っていた大腿《だいたい》義足の人間が一人、④**走れるようになった**。それは宝石のように輝《かがや》く出来事だった。このまま掘《ほ》り起こしていけば、どんどん光る石が出てくるだろう。だが、ここでやめてしまったら、原石は埋《う》まったままで世に出ることはない。そして今のところ、掘り手は自分しかいないようだ。ならば、⑤**やり続けるしかあるまい**。

〔佐藤《さとう》 次郎《じろう》「風を受けて走れ」による〕

4 臼井は、――線②が脚を失った人々にとってどのようなことだと考えていますか。

［　　］感を取りはらい、何かが［　　］きっかけとなること。

5 よく出る ――線③は、誰をたとえた表現ですか。

走れないと誰もが思っていた［　　　　］の人間。

6 ――線④を比喩《ひゆ》を用いて表現している部分を文章中から抜《ぬ》き出しなさい。

（　　　　）

7 よく出る ――線⑤と思ったのは、なぜですか。選びなさい。

ア 義足の人のサポートはやりがいがあるので自分の仕事にしたかったから。
イ 義足がたくさん使用されるようになればもうけることができるから。
ウ 大腿義足の人が走れるようにサポートできるのは自分しかいないから。

（　）

4 喪失・始まる
「走る」ことを取り戻すことで、脚を失った人々の喪失感が取りはらわれて、**何か(=前向きなこと)が始まる**はずだと、臼井は予感している。

5 大腿義足
原石は、磨《みが》けば輝く宝石になる可能性を持った石のことである。この言葉は、**大腿義足の人の持つ可能性を表現するため**に使われている。

6 宝石のように輝く出来事
「宝石のように」と**直喩**を用いて表現されている。

7 ウ
直前の「そして今のところ、掘り手は自分しかいない」に注目する。**走ろうとする大腿義足の人を見つけサポートをするのは、自分しかいないから**、やり続けるしかないと決意したのだ。

漢字で書こう！ 答えは右ページ➡　①れんらく　②ちょうせんしゃ　③なや(み)

テストに出る！ 予想問題

次の文章を読んで、問題に答えなさい。

解答 p.9　30分　/100点

　しばらくして、陸上競技にも使える驚《おどろ》きの義足が登場した。カーボンファイバーを重ねた長い一枚板を湾曲《わんきょく》させたもので、足部《そくぶ》も板そのまま。その形から、①「板バネ」とよばれた。

　板バネには、強い反発力があった。実際に着けてみると、じっと立とうとしても静止できずにふらふらと動いてしまう。これを使うのは試行錯誤《さくご》の連続だった。どのような角度で装着すればいいか。どんなバランスでセットすればいいのか。それを一つ一つ試《ため》してみるしかない。臼井《うすい》は何人もの走り手に代わる代わる板バネで走ってもらっては、微妙《びみょう》な調整を繰《く》り返した。

　試してみなければ分からないことばかり。だが、工夫《くふう》すればするほど、練習すればするほど、板バネは意欲に応えてくれた。それは、最初は一歩を踏《ふ》み出すのもためらっていた若者たちを、百メートルを二十秒ほどで走るランナーに変身させる力を持っていた。

　彼《かれ》らは障害者陸上の大会にも出た。練習会は月に一度、定期的に開かれるようになっていった。臼井は、グラウンドを借りる手続きやメンバーへの連絡《れんらく》から、当日の義足の調整、伴走《ばんそう》、ビデオ撮影《さつえい》までを一手に引き受けた。全ては休日のボランティア活動で、経費もかかったが、彼はそれを苦にしなかった。「続けていけばいいんだ。」とだけ、臼井は思っていた。続けてさえいれば、少しずつでも走れる人が増えていく。そこからまた②何かが生まれるかもしれない。前向きな人生を送れるようになるかもしれないし、

---

1 ――線①「板バネ」について答えなさい。

(1) 「板バネ」とは、どんなものですか。□に当てはまる言葉を、文章中から抜き出しなさい。 5点×2〔10点〕

カーボンファイバーを重ねた長い一枚板をⓐ□□させたもので、強いⓑ□□□があるもの。

(2) 「板バネ」には、義足の若者をどのようにする力がありましたか。〔15点〕

2 よく出る ――線②「何かが生まれるかもしれない」とありますが、このことを具体的に述べた一文を文章中から抜き出し、初めの五字を書きなさい。〔10点〕

3 よく出る ――線③「初心」とは、臼井のどんな思いですか。「……をいちばんだいじにしたいという思い」に続くように文章中から抜き出しなさい。〔15点〕

をいちばんだいじにしたいという思い。

4 ――線④「風」とありますが、臼井にとって「風」とはどんな存在ですか。次から一つ選び、記号で答えなさい。〔10点〕

漢字を読もう！　①膝　②喪失感　③必需品

←答えは左ページ

別のことにも挑戦《ちょうせん》できるかもしれない。

臼井の思いは、活動の輪が広がっても変わらなかった。ただ、歩けるようになれば走りたくなり、走れるようになれば、もっと速く走ってみたくなるのが人間というものだ。試合で競《きそ》いたいと思い、頂点を目指したくもなる。臼井のもとからは、次々とパラリンピック選手が誕生し、臼井自身もサポートのため現地に赴《おもむ》くようになった。

ただ、③初心を忘れまいとは常々思っていた。パラリンピックに出るような選手が現れても、不安を感じながらも走る気力を奮い起こした初心者を、何よりだいじにしたいというのが臼井の信念だった。

練習会の参加者はますます増え、フィールドいっぱいに広がるほどになった。それでも、臼井はひょうひょうとした態度を変えなかった。大声を張り上げもせず、ことさら目立とうともせず、だが一切《いっさい》手を抜《ぬ》かずに、縁《えん》の下の力持ちに徹《てっ》していた。

「できれば④風みたいに、いるのかいないのか、分からないような存在に。」と彼は考えていた。ふと気づくと、選手たちの背中をそっと押《お》している風である。

⑤脚《あし》を失って、一度は諦《あきら》めた走りを再び取り戻《もど》した人たちも、風のことを口々に語る。

「頬《ほお》を吹《ふ》き過ぎていく風が、何より気持ちよかった。」

「風を感じたのがいちばんうれしかった。」

再び走れるようになった証明。それが「風」なのだ。ただ吹いてくる風ではない。自分で作った風、自分で巻き起こした風である。すると、その瞬間《しゅんかん》、⑥自分の周りがぱあっと輝《かがや》くのだ。

〔佐藤《さとう》 次郎《じろう》「風を受けて走れ」による〕

ア 何にも縛《しば》られず自由に行動できる憧《あこが》れの存在。
イ パラリンピック選手の近くにいる親しみの持てる存在。
ウ 目立たないように義足の人たちを支える理想的な存在。
エ 義足の人たちに変化をもたらす影響《えいきょう》力のある存在。

5 ――線⑤「脚を失って、一度は諦めた走りを再び取り戻した人たちも、風のことを口々に語る。」とありますが、なぜですか。〔15点〕

6 やや難 ――線⑥「自分の周りがぱあっと輝く」とありますが、これはどういう状態だと考えられますか。次から一つ選び、記号で答えなさい。〔15点〕

ア 自分の可能性に気づいて、自信を取り戻した状態。
イ 悩《なや》みが全て消えて、心が晴れやかになった状態。
ウ 走ることによって、身体の調子がよくなった状態。
エ 周りの人々から注目を集めるようになった状態。

7 臼井は、どんな人物だといえますか。次から一つ選び、記号で答えなさい。〔10点〕

ア 強いリーダーシップを発揮し、優秀《ゆうしゅう》な人材を育てられる人物。
イ 困難があってもくじけず、地道な努力を続けられる人物。
ウ 知識や技術が抜きん出ていて、人から頼《たよ》りにされる人物。
エ 明るく前向きで、人々を元気にすることができる人物。

漢字で書こう! ①ひざ ②そうしつかん ③ひつじゅひん
答えは右ページ➡

教科書 p.184～p.191

ニュースの見方を考えよう

要旨《ようし》

◇「客観的なもの」と考えられることの多いニュースも、制作者が編集したものである。ニュースをそのまま信じるのではなく、考え、判断する受け手になってほしい。

5分間攻略ブック p.14

テストに出る!

ココが要点

ニュースは編集されている（教 p.186）▶例題

●どこで取材をするか、何をどのようにニュースとして伝えるかは制作する人の考え方で決まる。→ニュースは編集されている。

●編集の例…二〇一八年のサッカーのワールドカップ。

●日本代表チームの試合のニュースばかり…視聴《しちょう》者の関心が高い。

●世界の紛争《ふんそう》のニュースは扱《あつか》われない…視聴者は関心を持たない。

→取り上げるニュースは制作者が決めている。

ニュースは演出されている（教 p.187～p.189）▶予想問題

●テレビ局は視聴率を気にしている。

●最近はニュースの視聴率が高くなってきた。→高い視聴率が取れる番組を作るようになった。＝ニュースも演出されている。

●ニュース番組は制作者が意図やねらいをもって編集している。

→ニュースをそのまま信じるのではなく、考えながら見る習慣を身につけてほしい。

例題　ニュースは編集されている

テレビの世界では、どんなインタビューを採るか、ということを先に決めてから行く場所を決める、ということもしばしばです。つまり、街頭インタビューをどこで行うか、ということを決める段階で、番組制作者の判断が行われているのです。

①ニュースというのは、「客観的なもの」と考えている人が多いと思います。確かに、ニュースを取材して放送する人たちは、客観的なニュースを視聴《しちょう》者に伝えようと努力しています。でも、番組を作っているのも人間。どこで取材をするか、何をどのようにニュースとして伝えるかは、②制作する人の考え方で決まってく

1 よく出る ——線①は、どのようなものですか。選びなさい。

ア　現実をあるがままに伝えたもの。

イ　制作者に編集されたもの。

ウ　完全に客観的なもの。　（　　）

2 ——線②と同じ意味の言葉を文章中から八字で抜《ぬ》き出しなさい。

答えと解説

1 イ

「でも」以降に**ニュースが客観的とはいえない側面**について述べられている。

2 番組制作者の判断

一段落目と二段落目は、**ニュースの制作者がどこで取材するかを決めているという内容を繰《く》り返している**ということを押《お》さえよう。

漢字を読もう!　①先輩　②視聴者　③冒頭

←答えは左ページ

るのです。ニュースは編集されているのです。

③**編集の例**を、更《さら》にいくつか見てみましょう。

二〇一八年六月にロシアで行われたサッカーのワールドカップ。毎日のように大きなニュースになりました。とりわけ④**日本代表チームの試合**となると、このニュースばかりでした。

では、この間、世界は平和だったのでしょうか。残念ながら、そうではなかったのです。シリアでもアフガニスタンでも、パレスチナでも、紛争《ふんそう》で大勢の人が命を落としていました。なのに、⑤**そのニュースは、ほとんど出てこなかったり、出ても小さな扱《あつか》いだったりしました。**

視聴者の関心が高い話題はニュースで長い時間取り上げられるけれど、「視聴者はたいして関心を持たない。」とニュース制作者が判断したニュースは、取り上げられなかったり、小さなニュースにしかならなかったりするのです。

つまり、取り上げるニュースは制作者が決めているのです。

［池上《いけがみ》彰《あきら》「ニュースの見方を考えよう」による］

3 ——線③として、何が挙げられていますか。

二〇一八年に（　　）で行われた（　　）のワールドカップ。

4 ——線④は、ニュースにおいてどのような話題といえますか。

（　　）話題。

5 よく出る ——線⑤とありますが、それはなぜですか。

ア 制作者が視聴者はたいして関心を持たないニュースだと判断したから。

イ スポーツを扱う番組が増えて、ニュース番組の放送時間が縮小されたから。

ウ 絶えず起こる紛争は、ニュースとして新鮮味がないと制作者が判断したから。

（　　）

6 文章の後半で、筆者が最も述べたいことが書かれている一文を抜き出し、初めの五字を書きなさい。

3 ロシア・サッカー

この文章では、まず、例が挙げられ、それについてのまとめが最後に述べられるという構成で書かれている。

4 視聴者の関心が高い

視聴者の関心が高く、大きく扱われる例として挙げられている。

5 ア

扱いが小さいニュースの例として、世界における紛争のニュースが挙げられている。ニュースの扱いの違《ちが》いは、**視聴者の関心の高さの違《ちが》い**であることを捉《とら》える。

6 つまり、取

編集の例として挙げたことの内容を、**「つまり」という接続詞を用いて一文にまとめている**のである。

漢字で書こう! ①せんぱい ②しちょうしゃ ③ぼうとう
答えは右ページ➡

テストに出る！

予想問題

次の文章を読んで、問題に答えなさい。

解答 p.9

30分

100点

①テレビ局は、視聴《しちょう》率を気にしています。民放では、視聴率が高いとスポンサーからの広告料がたくさん入ってくるし、どのテレビ局だって、なるべく多くの人に見てもらおうと考えますから、視聴率を意識します。

それでもニュース番組に関しては、以前は視聴率のことをあまり考えませんでした。そもそも「ニュースは視聴率が低いもの」と考えられていたので、視聴率を意識しないで番組を作っていたのです。②放送局の社会的責任としてニュース番組も流すけれど、③視聴率は高くないから、もうかるものではない、と割り切っていたのです。

ところが最近は、ニュースの視聴率が高くなってきました。民放各局は、「ニュースでもお金になる。」と考えるようになったのです。そうなると、「高い視聴率が取れるニュース番組を作れ。」ということになってきます。

そこで、ニュースの冒頭《ぼうとう》に、ショッキングな映像が出てきたり、かわいい動物の姿が紹介《しょうかい》されたり、「行列のできるラーメン店」の特集が行われたり、ということになってきました。本当の意味ではたいしたニュースでないものでも、「視聴者が飛びつきそうなもの」を優先的に放送するようになってきたのです。

なかには、視聴者におもしろく見てもらおうと考えて、「うそではないけれど、ちょっと誇張《こちょう》した」内容が交じることもありま

1 ——線①「テレビ局は、視聴率を気にしています。」とありますが、視聴率を気にするのは、なぜですか。二つに分けて書きなさい。 10点×2〔20点〕

2 ——線②「放送局の社会的責任」とは、どのようなことですか。次から一つ選び、記号で答えなさい。〔10点〕

ア 視聴者の興味をひくために、意外な番組も作ること。
イ 放送局が作りたい番組を、積極的に放送すること。
ウ 公共の電波を使って、だいじな情報を伝えること。
エ 法律に従い、視聴者に無害な情報のみ伝えること。

3 ——線③「視聴率は高くないから、もうかるものではない」という考えは、最近ではどのように変わりましたか。□に当てはまる言葉を、文章中から抜《ぬ》き出しなさい。 5点×2〔10点〕

ニュースの ⓐ□ が高くなったことで、ニュースでも ⓑ□ になると考えるようになった。

漢字を読もう！ ①紛争 ②渋谷駅 ③誇張
←答えは左ページ

す。大げさなコメントとともに、はでな音楽がバックに流れることもあります。

つまり、④ニュースも演出されているのです。

私《わたし》たちが、ふだん何気なく見ているテレビのニュース。実はそれらも、制作者が意図やねらいを持って編集したものだということが、お分かりいただけたと思います。

⑤そうしたニュースを、そのまま信じてしまわないで、「どうして、このニュースから伝えるんだろう。」「こんな表現、本当かな。」などと考えながら見る習慣を、少しずつ身につけてほしいと思うのです。

そして、テレビのキャスターやコメンテーターの発言も、「そんなふうに考えていいのかな。」と疑問に思いながら聞く。そんなことを心がけてください。あるいは、「自分だったら、どんなコメントをするだろう。」と考えて、キャスターやコメンテーターと競《きそ》い合ってみるのです。ときには、新聞やインターネットなどで、同じニュースについてどのように伝えられたり論じられたりしているかを、調べてみるとよいでしょう。

〔池上《いけがみ》彰《あきら》「ニュースの見方を考えよう」による〕

4 ――線④「ニュースも演出されているのです」について答えなさい。

(1) よく出る ニュースを演出するのは、何のためですか。〔15点〕

(2) やや難 ニュースを演出するために、どのようなニュースが優先的に放送されるようになりましたか。〔15点〕

5 ――線⑤「そうしたニュース」とは、どのようなニュースのことですか。「……ニュース。」につながるように、文章中から抜き出しなさい。〔10点〕

ニュース。

6 よく出る 筆者の考えに当てはまるものを次から二つ選び、記号で答えなさい。10点×2〔20点〕

ア 制作者の意図やねらいに共感しながら、ニュースを見てほしい。

イ ニュースは編集されたものだと考え、そのまま信じないでほしい。

ウ いつも疑問を持ち、自分で考えながらニュースを見てほしい。

エ 制作者の意図に流されず、テレビを見る時間を減らしてほしい。

オ だいじなニュースだけを選び取って、見るようにしてほしい。

漢字で書こう! ①ふんそう　②しぶやえき　③こちょう
答えは右ページ➡

文法の窓5 連体詞・副詞・接続詞・感動詞
漢字道場5 漢字の成り立ち

確認《かくにん》

◆連体詞には、「〜の」型・「〜な」型・「〜た(だ)」型・「〜る」型がある。
◆副詞には、状態の副詞・程度の副詞・呼応の副詞がある。

5分間攻略ブック p.14／p.20

テストに出る！ ココが要点

文法の窓5 連体詞・副詞・接続詞・感動詞

●連体詞…活用のない自立語で、**連体修飾《しゅうしょく》語**だけになる。
「〜の」型……例この〜　「〜な」型…例おかしな〜
「〜た(だ)」型…例たいした〜　「〜る」型…例あらゆる〜

●副詞…活用のない自立語で、主に**連用修飾語**になる。
状態の副詞…動作の様子を表す。　例ゆっくり・いつも
程度の副詞…状態がどのくらいかを表す。　例少し・かなり
呼応の副詞…下にきまった言い方を求める。　例全く〜(ない)

●接続詞…活用のない自立語で、**接続語**だけになる。
順接…前後の事柄《ことがら》が、素直《すなお》に考えられるとおりのもの。例だから
逆接…前後の事柄が、素直に考えられるのとは逆のもの。例しかし
累加《るいか》・並立《へいりつ》…事柄を付け加えたり、並べたりするもの。　例また
説明・補足…前の事柄に説明や付け足しをするもの。例なぜなら
対比・選択《せんたく》…事柄を比べたり、選んだりする関係のもの。例一方
転換《てんかん》…前の事柄とは別の事柄を持ち出すもの。　例では

●感動詞…活用のない自立語で、**独立語**だけになる。驚《おどろ》き・感動などの気持ちを表したり、呼びかけ・応答などに用いたりする。例はい

例題

1 次の文の連体詞に——線を引きなさい。

答えと解説

1 ①いろんな

テストに出る！

予想問題

文法の窓5 連体詞・副詞・接続詞・感動詞

解答 p.10　20分　100点

1 次の文章から連体詞を四つ抜《ぬ》き出しなさい。　4点×4〔16点〕

ある日、私《わたし》は、庭で蜂《はち》を見かけた。庭の木に大きな蜂の巣ができていたのだ。母に伝えたところ、業者に依頼《いらい》して、この蜂の巣を撤《てっ》去《きょ》することになった。たいした被害《ひがい》も出ずにすみそうでほっとした。

2 よく出る 次の——線の副詞の種類を後から一つずつ選び、記号で答えなさい。　4点×6〔24点〕

① 弟は突然《とつぜん》走りだした。
② なぜかたづけないのか。
③ 雷《かみなり》がゴロゴロ鳴っている。
④ わずか二人しかいない。
⑤ 全く理由が分からない。
⑥ 今日は、とても寒い。

ア 状態の副詞　イ 程度の副詞　ウ 呼応の副詞

①　②　③　④　⑤　⑥

3 やや難 次の——線の副詞に注意して、□に当てはまる語を、それぞれ二字で書きなさい。　4点×2〔8点〕

① たとえ反対され□、私はやり通す。
② このことは決して忘れ□だろう。

漢字を読もう！ ①犠牲　②巨匠　③租税

① 野原にいろんな花が咲《さ》いていた。
② あの話は、どうなりましたか。
③ あらゆる努力をする。

2 ――線の副詞の種類を選びなさい。
① もっと食べたい。（　）
② まるで子供のようだ。（　）
③ ベンチでゆっくり休む。（　）

ア 状態の副詞　**イ** 程度の副詞
ウ 呼応の副詞

3 当てはまる接続詞を選びなさい。
① 走り続けた。（　）、間に合った。
② 走り続けた。（　）、間に合わなかった。

ア しかし　**イ** なぜなら
ウ だから

4 次の文の感動詞に――線を引きなさい。
おうい、こっちに来てくれないか。

漢字道場５　漢字の成り立ち

テストに出る！
ココが要点
- **象形《しょうけい》**…物をかたどって作る。　例 山・鳥
- **指事《しじ》**…形のない物事を、線や点で象徴《しょうちょう》化して表す。　例 二・上
- **会意《かいい》**…象形文字や指事文字を組み合わせて作る。　例 林・鳴
- **形声《けいせい》**…意味を表す要素と音《おん》を表す要素を組み合わせて作る。　例 泳・符
- **転注《てんちゅう》**…元の意味と関係のある別の意味に、使い方を広げる。
- **仮借《かしゃ》**…漢字の音だけを借りてほかの意味を表す。

---

②あの　③あらゆる
終わりの音に注目。①**「～な」型**。③**「～る」型**。

2 ①イ　②ウ　③ア
呼応の副詞の組み合わせを覚える。
・まるで～**ようだ**
・全く（決して）～**ない**
・たとえ（もし）～**ても**

3 ①ウ　②ア
前後の関係をつかむ。①つながりが**自然**なので、**順接**の接続詞。②つながりが**意外**なので、**逆接**の接続詞。

4 おうい
独立語になっている。

---

4 次の□に当てはまる接続詞をア～エから、その働きをオ～コからそれぞれ一つずつ選び、記号で答えなさい。　3点×8〔24点〕
① 彼《かれ》は人に好かれる。□、おもしろくて優《やさ》しいからだ。
② 交通情報は以上です。□、次は経済に関する話題です。
③ 君の気持ちは分かる。□、それはしてはいけないことだ。
④ 傷に薬を塗《ぬ》った。□、痛みが和《やわ》らいだ。

ア なぜなら　**イ** すると　**ウ** さて　**エ** だが
オ 順接　**カ** 逆接　**キ** 累加《るいか》・並立《へいりつ》
ク 説明・補足　**ケ** 対比・選択《せんたく》　**コ** 転換《てんかん》

	接続詞	働き
①		
②		
③		
④		

5 次の――線の感動詞の意味を後から一つずつ選び、記号で答えなさい。　4点×2〔8点〕
① いいえ、初めて見ました。
② えっ、もう始まったの。

ア 驚《おどろ》き　**イ** 感動
ウ 呼びかけ　**エ** 応答

漢字道場５　漢字の成り立ち

6 よく出る　次の漢字の成り立ちを後から一つずつ選び、記号で答えなさい。　5点×4〔20点〕
① 信　② 銅　③ 羽　④ 末

ア 象形《しょうけい》　**イ** 指事《しじ》
ウ 会意《かいい》　**エ** 形声《けいせい》

漢字で書こう！　①ぎせい　②きょしょう　③そぜい
答えは右ページ➡

わたしの中にも

主題

春の訪《おとず》れを感じさせる小さな動植物のういういしい姿を見て、「わたし」は自分の中にも生命力や外に向かって自分を表現する可能性があることを発見する。

テストに出る！
ココが要点

詩の形式
- 四連から成る口語自由詩。

表現技法
- 擬人《ぎじん》法…比喩《ひゆ》を使って、人でないものを人に見立てる。
  例 天に向かって／まっすぐ　背伸《せの》びして
- 体言止め…行末を名詞（体言）で結び余韻《よいん》を持たせる。
  例 …春のよろこびを伝える［ことば］

テストに出る！
予想問題

解答 p.10　30分　100点

次の詩を読んで、問題に答えなさい。

わたしの中にも　　新川《しんかわ》 和江《かずえ》

①つくし　つばな
つんつん伸《の》びる
②丘《おか》のポプラには較《くら》ぶべくもないけれど
天に向かって
まっすぐ　背伸びして

わたしの中にも　③そのように

3 ――線①「つくし　つばな／つんつん伸びる」と対になっている行を抜《ぬ》き出しなさい。　〔15点〕

4 やや難 ――線②「丘のポプラには較ぶべくもないけれど」とありますが、どのような意味ですか。□に当てはまる言葉を考えて書きなさい。　〔10点〕

ポプラと較べられないほど［　　］けれどという意味。

5 ――線③「そのように」とは、何のどのような様子を表していますか。□に当てはまる言葉を詩の中から抜き出しなさい。　5点×2〔10点〕

ⓐ［　　］やⓑ［　　］が、天に向かってまっすぐ背伸びをしているような様子。

6 ⓐ「つくし　つばな」とⓑ「もんしろ蝶　もんき蝶」の姿を見て、「わたし」は自分の中にどのようなことを見つけましたか。次から一つずつ選び、記号で答えなさい。　5点×2〔10点〕

漢字を読もう！ ①羽化　②伸びる　③舞い立つ

せいいっぱい伸びようとするものがある
どんなに低くとも　そこはもう天
光がみち　天上の風が吹《ふ》いている

もんしろ蝶《ちょう》　もんき蝶
ひらひら舞《ま》い立つ
羽化《うか》したばかりの
まだ濡《ぬ》れているういういしい羽をひろげて
はじめての空に

わたしの中にも　そのように
④ことばのひらく気配がある
たくさんの人に
春のよろこびを伝えることば
ひとりのひとに
思いを告げるただひとつのことば

＊数字は行の番号です。

1 よく出る　この詩の形式を、漢字五字で書きなさい。〔10点〕

2 4・5行目、8行目で用いられている表現技法を次から一つずつ選び、記号で答えなさい。10点×2〔20点〕

ア 対句《ついく》　**イ** 体言止め　**ウ** 倒置《とうち》
エ 擬人法《ぎじんほう》　**オ** 反復　**カ** 直喩《ちょくゆ》

4・5行目…　　8行目…

ア 自分の中に、成長しようとする力が存在していること。
イ 今いる世界から理想の世界に逃《のが》れようとしていること。
ウ 自分の気持ちをことばで表現する可能性があること。
エ 美しく人々を魅了《みりょう》する姿になる可能性があること。

ⓐ
ⓑ

7 ——線④「ことばのひらく気配がある」とありますが、ひらく気配があるのはどんなことばですか。二つ書きなさい。5点×2〔10点〕

8 よく出る　この詩では、どのようなことが表されていますか。次から一つ選び、記号で答えなさい。〔15点〕

ア 小さな動植物の生態を捉《とら》えたことで、自分の中にある観察力を発見した驚《おどろ》き。
イ 春の訪《おとず》れを感じさせるものを見て、自分の中にある可能性を発見した喜び。
ウ 身近な生きものに目を向けたことで、自分の中にある感受性を発見した感動。
エ 厳しい生存競争の姿を見たことで、自分の中にある生命力を発見した戸惑《とまど》い。

漢字で書こう！　①うか　②の(びる)　③ま(い)た(つ)
答えは右ページ➡

トロッコ

教科書 p.210～p.219

主題

◇八歳《さい》の良平《りょうへい》は、トロッコで遠くまで来てしまい、家までの道のりを一人で駆《か》け戻《もど》る。そのときの心細さや孤独《こどく》を、大人になった良平は今の心境と重ね合わせる。

5分間攻略ブック p.15

テストに出る！

ココが要点

トロッコで遠くまで行く良平《りょうへい》（教 p.213～p.214）▼例題

良平が、トロッコをめぐり、さまざまな感情を抱《いだ》く。

- 二人の土工と押《お》す。…登り道のほうがいい。ずっと押したい。
- 下りでトロッコに飛び乗る。…乗るほうがずっといい。＝喜び
- 広々と薄《うす》ら寒い海を見る。…遠くへ来すぎたことに気づく。＝不安

必死で家に戻《もど》る良平と現在の良平（教 p.215～p.217）▼予想問題

- 「われはもう帰んな。」→一人で歩いて帰らねばならないと知る。
- 無《む》我《が》夢中に走り続けた。→「命さえ助かれば。」＝恐怖《きょうふ》・孤独《こどく》
- 家に着く。…心細さを振《ふ》り返ると、大声で泣き続けても足りない。
- 現在…生活に疲《つか》れた良平は、心細かったときの自分を思い出す。

例題　トロッコで遠くまで行く良平《りょうへい》

「いつまでも押《お》していていい？」

「いいとも。」

二人は同時に返事をした。良平は①「**優《やさ》しい人たちだ。**」と思った。

五、六町《ちょう》余り押し続けたら、線路はもう一度急勾配《こうばい》になった。②**そこには両側のみかん畑に、黄色い実がいくつも日を受けている。**③「**登り道のほうがいい、いつまでも押させてくれるから。**」――良平はそんなことを考えながら、全身でトロッコを押すようにした。

みかん畑の間を登り詰《つ》めると、急に線路は下りになった。しまのシャツを着ている男は、良平に「やい、乗れ。」と言った。良平はすぐに飛び乗った。トロッ

1 ――線①と思った理由を考えて書きなさい。

トロッコを押したいという、良平の（　　　）をきいてくれたから。

2 よく出る ――線②の描写《びょうしゃ》は、良平のどのような気持ちを表していますか。選びなさい。

ア　重たいトロッコへの不満。
イ　トロッコで登るつらさ。
ウ　トロッコを押し続ける喜び。（　　）

3 ――線③という良平の考えは、トロッコに乗るとどう変わりましたか。

答えと解説

1 例 願い

二人は、「いいとも。」と言い、トロッコを押したいという良平の**願いを受け入れている。**

2 ウ

明るく爽《さわ》やかなみかん畑の描写は、**トロッコを押すことを楽しむ良平の気持ちを象徴《しょうちょう》**している。トロッコを押すという願いがかない、喜びでいっぱいなのだ。

3 押す・乗る

最初はトロッコを押すだけで満足していた良平だったが、**乗ったト**

漢字を読もう！　①頑丈　②邪魔　③色彩

←答えは左ページ

コは三人が乗り移ると同時に、みかん畑の匂《にお》いをあおりながら、ひた滑《すべ》りに線路を走りだした。「押すよりも乗るほうがずっといい。」――良平は④**羽織に風をはらませながら**、あたりまえのことを考えた。⑤「**行きに押すところが多ければ、帰りにまた乗るところが多い。**」――そうも考えたりした。

竹やぶのある所へ来ると、トロッコは静かに走るのをやめた。三人はまた前のように、重いトロッコを押し始めた。竹やぶはいつか雑木林になった。爪先《つまさき》上がりのところどころには、赤さびの線路も見えないほど、落ち葉のたまっている場所もあった。その道をやっと登りきったら、今度は高い崖《がけ》の向こうに、⑥**広々と薄《うす》ら寒い海が開けた**。と同時に良平の頭には、あまり遠く来すぎたことが、急にはっきりと感じられた。

三人はまたトロッコへ乗った。車は海を右にしながら、雑木の枝の下を走っていった。しかし良平は⑦**さっきのように、おもしろい気持ちにはなれなかった**。「もう帰ってくれればいい。」――彼《かれ》はそうも念じてみた。が、行くところまで行き着かなければ、トロッコも彼らも帰れないことは、もちろん彼にも分かりきっていた。

〔芥川《あくたがわ》龍《りゅう》之《の》介《すけ》「トロッコ」による〕

［　　］よりも［　　］ほうがずっといい。

4 ――線④から、トロッコのどのような様子が分かりますか。

（　　　　）様子。

5 ――線⑤から、良平は、帰り道はどうなると思っていたと分かりますか。選びなさい。

ア トロッコに乗って三人で帰れる。
イ トロッコを置いて三人で帰れる。
ウ 別のトロッコに乗り換《か》えて三人で帰れる。

（　　）

6 ――線⑥の描写は、良平のどのような気持ちを表していますか。選びなさい。

ア 楽しさや喜び。
イ 心細さや不安。
ウ 苦しみや怒《いか》り。

（　　）

7 よく出る 良平が――線⑦のような気持ちになったのは、なぜですか。

（　　　　）ことに気づき、帰りが心配になったから。

ロッコが走りだすととても心地《ここち》よく、更《さら》に喜びが増しているのである。

4 例 勢いよく走る

羽織の内側に風が入ってふくらんでいることから、**トロッコが速度を上げて走る様子**が想像できる。

5 ア

「帰りにまた乗るところが多い」と考えていることから、良平は、**土工たちといっしょにトロッコで帰るつもりでいる**ことが分かる。

6 イ

この場面で、良平の気持ちは**喜びから不安へ変化**している。広く寒々とした海の寂《さび》しい情景は、良平の心に湧《わ》き上がる不安や心細さを表す。――線②の**みかん畑と対照的な描写**。

7 （あまり）遠く来すぎた

こんなに遠くまで来てしまったが、はたして無事に帰れるのかと心配で、トロッコを心から楽しめなくなっているのである。

漢字で書こう！ ①がんじょう ②じゃま ③しきさい

答えは右ページ➡

テストに出る！

予想問題

次の文章を読んで、問題に答えなさい。

解答 p.11

30分

100点

「われはもう帰んな。俺《おれ》たちは今日は向こう泊《ど》まりだから。」

「あんまり帰りが遅《おそ》くなるとわれのうちでも心配するずら。」

良平《りょうへい》は一瞬間《いっしゅんかん》あっけにとられた。もうかれこれ暗くなること、去年の暮れ母と岩村《いわむら》まで来たが、今日の道はその三、四倍あること、それを今からたった一人、歩いて帰らなければならないこと、——そういうことが一時に分かったのである。良平はほとんど①泣きそうになった。が、泣いてもしかたがないと思った。泣いている場合ではないとも思った。彼《かれ》は若い二人の土工に、②取って付けたようなお辞儀《じぎ》をすると、どんどん線路伝いに走りだした。

良平はしばらく無我夢中《むがむちゅう》に線路のそばを走り続けた。そのうちに懐《ふところ》の菓子《かし》包みが、邪魔《じゃま》になることに気がついたから、それを道端《みちばた》へ放り出すついでに、板草履《ぞうり》もそこへ脱《ぬ》ぎ捨ててしまった。すると薄《うす》い足袋《たび》の裏へじかに小石が食い込《こ》んだが、足だけははるかに軽くなった。③彼《かれ》は左に海を感じながら、急な坂道を駆《か》け登った。ときどき涙《なみだ》が込み上げてくると、自然に顔がゆがんでくる。——それは無理に我慢《がまん》しても、④鼻だけは絶えずクークー鳴った。

竹やぶのそばを駆《か》け抜《ぬ》けると、夕焼けのした日金山《ひがねやま》の空も、もうほてりが消えかかっていた。良平はいよいよ気が気でなかった。行きと帰りと変わるせいか、景色の違《ちが》うのも不安だった。すると今度は着物までも、汗《あせ》のぬれ通ったのが気になったから、やはり必死に駆け続けたなり、羽織を道端へ脱いで捨てた。

……がある。⑦全然何の理由もないのに？——塵労《じんろう》に疲《つか》れた彼の前には今でもやはりそのときのように、薄暗いやぶや坂のある道が、細々と一筋断続している。……

〔芥川《あくたがわ》龍之介《りゅうのすけ》「トロッコ」による〕

1 やや難 ——線①「泣きそうになった」のは、なぜですか。簡潔に書きなさい。〔15点〕

2 よく出る ——線②「取って付けたようなお辞儀」から、良平のどのような様子が分かりますか。次から一つ選び、記号で答えなさい。〔15点〕

ア　土工たちが相手をしてくれたことに、心から感謝する様子。

イ　自分を一人で帰す土工たちへの不満をあらわにした様子。

ウ　トロッコから離《はな》れる悲しみに打ちひしがれた様子。

エ　帰り道のことしか考えられず、上の空である様子。

3 ——線③「彼は左に海を感じながら」とありますが、ここから良平のどのような様子が分かりますか。次から一つ選び、記号で答えなさい。〔15点〕

ア　足の軽さにまかせて、勢いよく走っている様子。

イ　海を見る余裕《よゆう》などなく、一心に走っている様子。

ウ　必死に走る一方で、景色を味わおうとしている様子。

エ　海の気配から日没《にちぼつ》を予感し、びくびくしている様子。

4 ——線④「鼻だけは絶えずクークー鳴った」から、良平のどのような様子が分かりますか。〔15点〕

漢字を読もう！　①勾配　②運搬　③記憶

←答えは左ページ

みかん畑へ来る頃《ころ》には、辺りは暗くなる一方だった。「命さえ助かれば。」――良平はそう思いながら、滑《すべ》ってもつまずいても走っていった。

やっと遠い夕闇《ゆうやみ》の中に、村外れの工事場が見えたとき、良平は⑤ひと思いに泣きたくなった。しかしそのときもべそはかいたが、とうとう泣かずに駆け続けた。

彼の村へ入ってみると、もう両側の家々には、電灯の光が差し合っていた。良平はその電灯の光に、頭から汗の湯気の立つのが、彼自身にもはっきり分かった。井戸端に水をくんでいる女衆《おんなしゅ》や、畑から帰ってくる男衆《おとこしゅ》は、良平があえぎあえぎ走るのを見ては、「おいどうしたね?」などと声を掛《か》けた。が、彼は無言のまま、雑貨屋だの床屋《とこや》だの、明るい家の前を走り過ぎた。

彼のうちの門口《かどぐち》へ駆け込んだとき、良平はとうとう大声に、わっと泣きださずにはいられなかった。その泣き声は彼の周りへ、一時に父や母を集まらせた。殊《こと》に母は何とか言いながら、良平の体を抱《かか》えるようにした。が、良平は手足をもがきながら、すすり上げすすり上げ泣き続けた。その声があまり激しかったせいか、近所の女衆も三、四人、薄暗い門口へ集まってきた。父母はもちろんその人たちは、口々に彼の泣く訳を尋《たず》ねた。しかし彼は⑥何と言われても泣き立てるよりほかにしかたがなかった。あの遠い道を駆け通《どお》してきた、今までの心細さを振《ふ》り返ると、いくら大声に泣き続けても、足りない気持ちに迫《せま》られながら、……

良平は二十六の年、妻子といっしょに東京へ出てきた。今ではある雑誌社の二階に、校正の朱筆《しゅふで》を握《にぎ》っている。が、彼はどうかすると、全然何の理由もないのに、そのときの彼を思い出すこと

---

5 ――線⑤「ひと思いに泣きたくなった」とありますが、どのような気持ちからですか。次から一つ選び、記号で答えなさい。〔15点〕

ア 自分の家に近づき、急に安心した気持ち。
イ トロッコを思い出し、懐《なつ》かしむ気持ち。
ウ 土工の仕打ちを思い出し、悔《くや》しがる気持ち。
エ まだ家まで遠いことに、絶望する気持ち。

6 ――線⑥「何と言われても泣き立てるよりほかにしかたがなかった」とありますが、良平が泣く訳を言えなかったのは、なぜですか。次から一つ選び、記号で答えなさい。〔15点〕

ア 長時間走ったため、息が切れて話すことができなかったから。
イ 恐《おそ》ろしい目に遭《あ》った分だけ、わがままに振る舞《ま》いたかったから。
ウ たいへんだったことを言わなくても分かってほしかったから。
エ 自分の感じた心細さを泣き立てることでしか表せなかったから。

7 よく出る ――線⑦「全然何の理由もないのに?」とありますが、この問いかけに対する答えはどのような内容だと考えられますか。□に当てはまる言葉を、文章中から抜き出しなさい。5点×2〔10点〕

ⓐ□□□□□ 今の生活に対する思いと、少年の日に薄暗いやぶや坂のある道を駆けたときのⓑ□□□が頭の中で重なるから思い出すのである。

漢字で書こう! ①こうばい　②うんぱん　③きおく
答えは右ページ➡

教科書 p.273〜p.279

そこに僕《ぼく》はいた

主題

◆最初は義足のあーちゃんとしっくりいかなかった「僕」だが、石投げ事件やかえる捕《と》りなどをきっかけに互《たが》いに心を開き、自然な友達付き合いができるようになった。

テストに出る！

ココが要点

斜面《しゃめん》での出来事（教p.274〜p.275）▶**例題**

●斜面を登れないあーちゃん。僕《ぼく》は謝《あやま》って手を差し出したが、あーちゃんは**拒絶**《きょぜつ》し、帰ってしまった。→**自立心**の強さ

●僕に起こった変化…**あーちゃん**ができない遊びをやめた。

●「あーちゃんさえいなければ」という**醜《みにく》い思い**につらくなった。

●あーちゃんの姿を見かけるたびに**憂鬱**《ゆううつ》になり、気が重くなった。

あーちゃんとの会話の思い出（教p.277〜p.278）▶**予想問題**

●「僕」は、あーちゃんに**義足**になった理由を尋《たず》ねた。

●あーちゃんは自分の足を見て**笑う**。

●あーちゃんは子猫《こねこ》を**助けよう**として電車にはねられたと答えた。

「僕」の心の中を、えも言われぬ**痛み**が駆《か》け抜けていく。

●「僕」は、あーちゃんをすごく**好き**になり始めていた。

例題　斜面《しゃめん》での出来事

「兄貴、あーちゃんが……。」

見ると、あーちゃんは①**斜面の下の道端《みちばた》に立ってじっと僕《ぼく》らの方を見上げていた**のだ。彼《かれ》にはちょっと登るのは難しかったのである。弟が小声でどうする？　ときいてきた。小さな子供たちも僕の方を見ていた。僕は小さくため息をついた。

「ちょっと行ってくる。」

僕は弟にちびっこたちを任せて、あーちゃんのところまで滑《すべ》り降りていった。

あーちゃんは僕の顔をじっと見ていた。僕はあーちゃんの足のことも考えずに山を登ってしまったことでちょっと心が恥《は》ずかしかった。

1 あーちゃんが――線①のようにしていたのは、なぜですか。

義足のため、□□を登ることが□□□□から。

2 「僕」が――線②と言ったのは、どんなことに対してですか。

あーちゃんの足のことを考えずに山を（　　　　）こと。

答えと解説

1 斜面・難しかった

「僕」が子供たちと遊んでいる場面である。**他の子供たちは斜面を登れたが、あーちゃんは義足のため、登れずに下にいた**のである。

2 登ってしまった

「僕」があーちゃんの足のことを考えず登ってしまったことを恥ずかしく思っていることを押《お》さえる。**自分の行動が間違《まちが》っていたと思い、素直に謝った**のである。

漢字を読もう！　①触る　②途中　③響く

「②**すまんかった。**」

僕が素直《すなお》にそう言って手を差し出すと、彼は目をぱちくりさせたのだ。

「なんで謝《あやま》るとや。③**それになんなその手は。**」

僕はそれ以上は何も言えなかった。

「今日はこれから親戚《しんせき》の人んちへ行かなならんけん、〔行かなければならないので〕皆《みな》とは遊べんと。そのことば〔そのことを〕言おうと思っとった。」

あーちゃんはそう言うと、くるりと背中を見せて帰っていった。僕は差し出していた手を引っ込《こ》めて、体を斜《なな》めにしながら一本道を歩く彼の後ろ姿を見つめていたのだ。

それからというものいろいろなことが頭の中に渦巻《うずま》いて、あーちゃんと遊ぶときは僕は④**すごく神経を使うようになっていった。**缶蹴《かんけ》りはしないことにしたし、駆《か》けっこもやめた。人気のあった草スキーもしばらく中止にしたし、木の上に作ろうとしていた基地は広場の焼却炉《しょうきゃくろ》の裏に変えた。彼の体のことを考えれば当然のことだったが、まだ子供だった僕には何だか気が重い判断ばかりでもあった。あーちゃんさえいなければ、もっといろんな遊びができるのにと考えては自分のそんな⑤**醜《みにく》い思い**につらくなるのだった。そして広場に彼の姿を見かけるたびに憂鬱《ゆううつ》になり、また気が重くなるのだった。

〔辻《つじ》 仁成《ひとなり》「そこに僕《ぼく》はいた」による〕

3 よく出る ——線③と言ったとき、あーちゃんはどのように思っていましたか。選びなさい。

ア 助けに来るのが遅《おそ》すぎる。
イ 手を借りるのは照れくさい。
ウ 同情されるのは許《ゆる》せない。

（　　）

4 ——線④とありますが、「僕」の具体的な行動が書かれている二文を抜《ぬ》き出し、初めの五字を書きなさい。

5 ——線⑤の思いの内容を二十八字で抜き出し、初めの七字を書きなさい。

6 よく出る 「僕」とあーちゃんは、どのような人物ですか。一つずつ選びなさい。

ア 行動的でない人。
イ 自立心の強い人。
ウ 支配欲の強い人。
エ 気配りのできる人。

「僕」…（　　）　あーちゃん…（　　）

3 ウ

直前に「なんで謝るとや。」と言っていることから、**自分のハンディを他人が気遣《きづか》うことに反発する気持ち**があることを読み取る。

4 缶蹴りはし

直後の二文に注目する。「僕」は**あーちゃんが参加できるような遊びだけすることにした**のである。

5 あーちゃんさえ

「僕」が**気持ちよくあーちゃんと遊んでいたのではないこと**を捉《とら》えよう。

6 「僕」…エ
あーちゃん…イ

「僕」は、**あーちゃんのできない遊びはやらないようにした**ことなどから、気配りができる人といえる。あーちゃんは、**人に頼《たよ》ることを拒絶《きょぜつ》している**ことから、自立心が強い人といえる。

漢字で書こう! ①さわ(る)　②とちゅう　③ひび(く)
答えは右ページ➡

テストに出る！

予想問題

解答 p.11　30分　/100点

次の文章を読んで、問題に答えなさい。

「あーちゃんは、どうしてそうなったと。」①

僕《ぼく》はあーちゃんの義足を指差してそうきいたのだ。どうしてそんなことをきいたのか僕にはあのときの自分の気持ちを思い出せない。差し出した手のような自然の質問だった。

「これね。」

あーちゃんは自分の足を見てそして笑うのだった。

②「電車にはねられたとたい〔はねられたんだよ〕。」

僕の横にいた弟が大声をあげた。

「電車にね？」

あーちゃんはうなずく。

「なして、電車にはねられよったと〔はねられたの〕。」

今度は僕がきいた。

あーちゃんは少し考えた後、再び笑顔《えがお》で言うのだった。

「子猫《こねこ》ば助けようとしたったい。」

「子猫？」

僕と弟はほとんど同時に声をあげた。

「うん、まだ俺《おれ》が小さかときに、子猫が線路に飛び出したとよ。ちょうど遮断機《しゃだん》が降りようときで、見たら電車がその子猫に向かって迫《せま》りよった。あっ、と叫《さけ》んだ瞬間《しゅんかん》には俺の体は踏切《ふみきり》の中へ潜《もぐ》り込《こ》んでいたったい。」

僕らは黙《だま》っていた。少しして弟があーちゃんにきき返す。

---

1 ——線①「そうなった」とは、誰《だれ》がどのようになったことを指していますか。〔20点〕

2 ——線②「電車にはねられた」理由を、あーちゃんはどのように話しましたか。□に当てはまる言葉を、文章中から抜き出しなさい。10点×2〔20点〕

線路に飛び出したⓐ□□をⓑ□□□□としたため。

3 ——線③「あーちゃんは笑っている。」から、あーちゃんについてどのようなことが分かりますか。当てはまらないものを次から一つ選び、記号で答えなさい。〔10点〕

ア 「僕」たちに気を遣《つか》ってしかたなく話をしていること。

イ 「僕」たちに心を開いて事情を打ち明けていること。

ウ 過去の出来事を受け止められるようになっていること。

エ つらい気持ちを乗り越《こ》える強さを持っていること。

4 よく出る ——線④「えも言われぬ痛みが心の中を駆け抜けていく。」から、「僕」のどのような気持ちが分かりますか。次から一つ選び、記号で答えなさい。〔10点〕

漢字を読もう！ ①瞬間 ②頼る ③素直
←答えは左ページ

「そんで？」

③あーちゃんは笑っている。

「そんだけさ。気がついたら、はね飛ばされとった。」

僕はあーちゃんの義足のほうの足を見下ろしていた。④えも言われぬ痛みが心の中を駆《か》け抜《ぬ》けていく。自分の足だったら、という想像が僕を包み込む。

「子猫はどげんしたね〔どうなったの〕。」

僕がしばらくしてきくと、⑤彼《かれ》は笑って首を真横に振《ふ》るのだった。

僕と弟はしばらく言葉を失ったままだった。何かを言いたかったがまとまらなかった。ただ、⑥なぜかあーちゃんがすごく好きになり始めていたのである。

〔辻《つじ》仁成《ひとなり》「そこに僕《ぼく》はいた」による〕

ア あーちゃんとどのように接したらいいのか悩《なや》んでいる気持ち。
イ 彼が足を失ったときの痛みを、自分の痛みとして感じる気持ち。
ウ あーちゃんにつらい思い出を話させてしまったと悔《く》やむ気持ち。
エ 幼いあーちゃんがむちゃをしたことを残念に思う気持ち。

□

5 やや難 ——線⑤「彼は笑って首を真横に振るのだった」とありますが、あーちゃんはどのようなことを言いたかったのですか。〔20点〕

□

6 よく出る ——線⑥「なぜかあーちゃんがすごく好きになり始めていたのである」とありますが、それはなぜですか。次から二つ選び、記号で答えなさい。 10点×2〔20点〕

ア 自分たちが想像もできないようなすごい体験をしたあーちゃんに、憧《あこが》れの気持ちを持ったから。
イ 自分たちと同じように動物好きだということが分かって、あーちゃんに共感を覚えたから。
ウ 子猫を助けようとして片足を失ったと知って、あーちゃんの強さや優《やさ》しさに感動したから。
エ つらい話題でも仲間にきちんと説明しようとする、真面目な対応によい印象を持ったから。
オ 過去の苦しい体験を打ち明けてくれたのが、自分に心を開いてくれたように思えてうれしかったから。

□ □

漢字で書こう！ 答えは右ページ➡ ①しゅんかん ②たよ（る） ③すなお

教科書 p.280〜p.283

「常識」は変化する

要旨《ようし》

◆常識や判断の基準は、時代や社会の在り方で変化する。だからこそ私《わたし》たちは自分の知識と感覚を鍛《きた》え、物事と向き合う力、考え続ける力を育てていくべきである。

テストに出る！ 予想問題

次の文章を読んで、問題に答えなさい。

解答 p.12

15分

100点

更《さら》に、新しい事実の判明と①価値観の変化が互《たが》いに関連する場合もあります。環境《かんきょう》問題がよい例です。

工業化を進め、物質的、経済的な豊かさを求めた時代には、生物や環境に対する配慮《はいりょ》が十分ではありませんでした。しかし、工業化による悪い影響《えいきょう》が明らかになると、人々は自然を守ることが大切だという考え方に変わり、地球環境を守ることに関心が注がれるようになりました。

このように、時代や社会の在り方、人々がどんな知識を持ち、何を大切に思い、どのような暮らしを望んでいるのかなどによって、常識や判断の基準は変化するのです。もしかしたら、今、私《わたし》たちが信じていることでも、否定される日がやってくるかもしれません。

②では、私たちは、何を信じ、どのように物事と向き合ったらいいのでしょうか。

それにはまず、あたりまえだと思っていることでも、一歩立ち止まって、自分自身が納得《なっとく》できるかどうかをじっくり考えてみることが大切です。与《あた》えられた情報をうのみにするのではなく、疑問に思ったことを自分で調べたり、専門家をはじめ、いろいろな人の意見に耳を傾《かたむ》けたりしてみることも有効です。ただし、専門家といえどもまだ分からないことがあったり、また異なる考えを持つ人もいたりするということを忘れてはなりません。

ふだんからさまざまな情報や考え方に触《ふ》れ、まずは「本当かな」と③考え、納得できるまで考えたり、調べたり、人と話し合ったりして考えを深めていく訓練を心がけましょう。そのためには、自分の知識と感覚を鍛《きた》え、そう、「嗅覚《きゅうかく》」といってもいいほどの鋭《するど》い感覚を持って、物事と向き合う力、はっきりと結論が出せないことについても考え続ける力を育てていくことが大切です。

〔古田《ふるた》 ゆかり「『常識』は変化する」による〕

1 よく出る ——線①「価値観の変化」とありますが、環境問題の例では、どのような考え方に変わったのですか。文章中から十一字で抜《ぬ》き出しなさい。〔30点〕

2 ——線②「では、……でしょうか。」とありますが、その答えに当てはまらないものを次から一つ選び、記号で答えなさい。〔30点〕

ア 自分で調べる。 イ じっくり考える。

ウ 専門家の意見に従う。 エ いろいろな人の意見を聞く。

3 やや難 ——線③「考えを深めていく」ために必要な二つの力を、文章中から抜き出しなさい。 20点×2〔40点〕

中間・期末の攻略本

解答と解説

取りはずし
使えます!

東京書籍版　国語1年

p.4〜p.5 風の五線譜《ごせんふ》/話し方はどうかな/日本語探検1

1	1	話し方が速すぎるか、遅すぎるかによること
	2	ウ
	3	例 話は、速さによって聞き取りにくくも、聞き取りやすくもなるということ。
	4	例えば、あ
2	1	一分間に三百字
	2	話の表情
	3 ⓐ	三百字という速さ
	3 ⓑ	表情
3		ウ

解説

1 **1** 「友達から言葉を挟《はさ》まれ」るのは、自分の話が友達にとって聞き取りにくいから。原因は、「これは……多いのです。」の一文で述べられている。

3 「このへん」は、前の一文を指している。

2 **1** 第一段落で「一分間に三百字が基準」と述べ、例を挙げている。

2 人間の話し方には変化があることを述べている。後に「そのことを一言で……という」と言い換《か》えている。

3 「三百字という速さ」を土台に「話の表情」を豊かにすると、魅力《みりょく》的な話し方になると第三段落で述べている。

最終チェック

「音節」の数え方の原則を押《お》さえる!

「音節」とは発音の単位のことで、仮名《かな》文字一つで表されるのが原則。和歌や俳句で音数を数えるときも、音節が単位。

・促音《そくおん》(クッキー・せっけん)
・撥音《はつおん》(ちょきん・せっけん)
・長音(クッキー・すいとう)
}一文字で一つの音節。
・拗音《ようおん》(ちょきん)…二文字だが一つの音節。

p.6〜p.7 詩の心――発見の喜び

◇	1	悠然と気ままに旅をしたい
	2	イ
	3	(切羽詰まった、)真剣な命の声
	4	自身の短命を予感した作者の痛ましい実感
	5 (1)	例 蟻が死んだ蝶の羽をひいて行く情景。
	5 (2)	ヨット
	6	雲 ア / 虫 エ / 土 イ

解説

◇ **1** 後の一文の「……からです」という表現に着目する。

2 すぐ後の「言い換《か》えれば」で始まる文に、「より深く感じること」とある。

3 作者には、残り少ない命の虫が、必死で鳴いているように聞こえている。

4 短命を予感している作者は、自分と虫の境遇《きょうぐう》を重ね合わせているから、「しぜんと/涙《なみだ》をさそわれる」のである。

5 (1)詩の前半の二行は見た情景、後半の二行はそこから連想した内容が書かれている。
(2)「やうだ」(ようだ)は、「比喩《ひゆ》」を表す言葉。

6 **ア**「素朴《そぼく》に技巧《ぎこう》を用いず」は、ほぼ技巧を用いていない「雲」と合う。**イ**「比喩を使って」が「土」の「ヨットのやうだ」と合う。**エ**「単純な事実」は虫の鳴き声。それを作者の境遇と重ね深く感じているので「虫」の説明と分かる。

最終チェック

作者が何に着目して詩を書いたのか考える!

・「雲」…雲がゆっくりと空を流れる様子。
・「虫」…虫が必死に鳴いている様子。
・「土」…蟻《あり》が蝶《ちょう》の羽をひく様子。

p.8～p.9 文法の窓1／漢字道場1

1 4

2 イ

3

① この／本の／挿絵は、／僕の／父が／描いて／いる。
② 遠足なので、／お弁当の／準備を／する。
③ どうも／今年は／暖冬らしいが、／あまり／暖かく／ない。
④ 雨が／降って、／気温が／下がったようだ。

4 ウ

5

① 急げ／ば／まだ／バス／に／乗れる／ようだ。
② 母／と／デパート／へ／買い物／に／行っ／た。
③ 先生／は／歌／が／とても／うまい／らしい。
④ 書い／た／手紙／を／何度／も／読み返す。

6

①	②	③	④	⑤	⑥
9	10	3	4	8	4

7

①	②	③
1	5	7

解説

1 会話文も一文と考える。文の終わりには、「。」ではなく、「！」や「？」が付くこともある。

3 文節は、区切りに「ね」を入れて読み、確かめる。①「描《か》いて／いる」は二文節となることに注意する。②「遠足なので」、④「下がったようだ」は、一文節である。

4 「勉強する」で一単語。

5 ①「ば」は仮定の意味を表す言葉で一単語。②「行った」の「た」は、過去を表す言葉で一単語。④「読み返す」は、複合語で一単語である。「読み／返す」と分けない。

7 ②「発」の部首の「はつがしら」の筆順は、フ→ヌ→ヌ′→癶→癶である。

最終チェック

↓「〜て〜」の形に注意！

「〜ている」「〜である」という言葉では、「て（で）」の後に文節の切れ目がある。

p.12～p.13 飛べ かもめ

◇

1	2 (1) ⓐ	2 (1) ⓑ	2 (1) ⓒ	2 (2)	3	4	5	6	7
例かもめが、走っている列車と全く同じ速度で、必死に羽ばたいていた。	のんびり	自分の意志と力	懸命に	ウ	例鳥の飛ぶ速度が次第に落ちてきたから。	エ	イ	例自分の力で精いっぱい	ウ

解説

◇

1 窓ガラスに紙切れが貼《は》り付いていると錯覚《さっかく》させるほど、かもめは列車と同じ速さで羽ばたいていたのである。

3 飛ぶ速度が落ちたために、位置が列車とずれてきたのだ。

4 かもめを最後まで見ようと行方《ゆくえ》を夢中で追っている。

5 直後の「あいつは、よくやった。」に着目。少年はかもめの頑張《がんば》る姿に感動している。

6 「甘《あま》えるな。／怠《なま》けるな。／力いっぱい飛べ。」と思っていることに着目。「頑張って」「一生懸命《けんめい》に」などでも正解。

7 「大きな虹《にじ》」は、少年の迷いの晴れた心情や未来への希望を象徴《しょうちょう》している。

最終チェック

↓「かもめ」との出会いを機に変化した少年の気持ちを捉《とら》える！

・誰《だれ》にも言わず家を出た。＝おもしろくない気持ち。
・列車の窓からかもめを見る。→懸命に飛ぶかもめの姿と比べ、自分の状況《じょうきょう》を恥《は》ずかしく思う。
・やがて見えなくなるかもめ。→あいつは、よくやった。＝感動。
・次の駅で降り、砂浜《すなはま》を走って帰ろう。＝精いっぱい生きていこう。

p.16～p.17 さんちき／日本語探検2

1							2			
1	2	3	4	5	6	7	①	②	③	④
何にも残さんと死んでいく。	この車は、	例 誇りに思う気持ち。	●町人の暮らし ●祇園祭り	エ	ア	イ	イ	ウ	エ	ア

（●は順不同）

解説

1

1　侍《さむらい》と車大工《くるまだいく》の生き方の違《ちが》いを述べている部分。

2　――線②の主語は「車」。車が長生きするとは、長い間使われ続けるということである。

3　侍と自分たちの仕事とを比べて述べた言葉。親方は、後世に形を残す車大工の仕事に意義を感じ、誇《ほこ》りを持っている。

5　親方は、自分たちの作った車を百年後に見る人になったつもりで声の調子を変え、三吉《さんきち》に伝えたいことを語っている。

6　親方の「腕《うで》のええ車大工」という言葉に、三吉は自分への励《はげ》ましと期待を感じ、うれしく思ったのである。

7　直前のつぶやきから三吉の気持ちを捉《とら》える。「思い切り息を……ひと吹《ふ》きで」という動作からは力強さが感じられる。

最終チェック

親方の車大工の仕事への思いと、三吉の気持ちを捉える！

車大工はものを作って後世に残していける仕事であり、親方は、車大工という自分の仕事に自信と誇りを持っている。その思いに触《ふ》れた三吉は、腕のいい車大工になる決意を固めたのだ。

p.20～p.21 オオカミを見る目

◇										
1		2	3			4		5	6	7
(1)	(2)					(1)	(2)			
（海外から入ってきた）狂犬病の流行	例 忌まわしい動物（と見られるようになった）。	オオカミを悪者にしたヨーロッパの童話	●（感染症である）ジステンパーの流行	●（開発による）生息地の減少	●（食料である）シカの激減	イ	オオカミの絶滅	例 農業の在り方	例 社会の状況の変化によって、野生動物に対する考え方が変わりうるということ。	エ

（●は順不同）

解説

◇

1　(1)直後の文に「それは」とあることに着目する。
(2)第一段落の終わりに、出来事の結果として書かれている。

4　オオカミの絶滅《ぜつめつ》がシカの激増を招いたことから、絶滅する前にはどんなバランス関係があったのかを考える。

5　直前に「その在り方が違《ちが》ったために」とある。日本とヨーロッパでは農業の在り方が違ったので、オオカミに対する見方が正反対となったのだ。

6　「そのこと」が指す内容は直前の一文にある。「それがまた変わりうる」の「それ」が指すものも明らかにしてまとめること。

7　ア「子供たちに悪影響《あくえいきょう》」、イ「シカの駆除《くじょ》をやめるべき」、ウ「絶滅もやむをえない」の部分が文章の内容にはない。

最終チェック

筆者が最も言いたいことを読み取る！

「人の考えや行いは、置かれた社会の状況《じょうきょう》によって異なりもするし、また変化もしうる」が最も言いたいこと。

p.22〜p.23 文法の窓2／漢字道場2

1	①イ ②ア ③エ	④オ ⑤イ ⑥ウ	⑦ア ⑧オ ⑨エ ⑩ウ
2	①ウ ②エ ③オ	④ア ⑤イ	
3	①オ ②エ ③ア	④ウ ⑤イ ⑥オ	⑦イ
4	①ア ②ウ ③イ	④イ ⑤エ	

解説

1 ②主語は、「〜が」「〜は」の形だけでなく、「〜も」「〜だけ」「〜こそ」などの形もある。③「しかし」は一語の接続語だが、接続語は、⑨「探し」＋「ても」のように、いくつかの語で成り立っている場合もある。⑦主語→述語の順になることが多いが、倒置《とうち》で逆の順になっている場合もある。⑧「七月七日」のように物事の名前を表す単語だけが独立語になることもある。

2 ②は条件を表す接続部。③は提示を表す独立部。

3 ①「〜て」＋「くる」、⑥「〜て」＋「しまう」の形になっているので、補助の関係。②「英語も」「数学も」を入れ替《か》えても意味が変わらないので、並立《へいりつ》の関係と分かる。

最終チェック

主語と述語を見分ける！

複雑そうな場合でも、文の基本は主語と述語。まずはこの二つを見つけよう。主語は「〜が」「〜は」以外の形もあるので注意。省略される場合もある。述語はたいてい文末にある。

p.26〜p.27 碑《いしぶみ》

1	行方不明
2	例 話をする
3	死ぬのでし
4	エ
5	例 死んでいったと伝えてくださ い
6	エ
7	ウ
8	ⓐ十一日 ⓑ桜美一郎
9	イ

解説

1 我《わ》が子を探し求めていたのである。

2 お母さんは酒井《さかい》君が体力を消耗《しょうもう》しないように「寝《ね》ようね」となだめたが、酒井君は話をしたがっていたのだ。

3 酒井君のお母さんの最後の言葉から、後悔《こうかい》が読み取れる。

5 亡《な》くなる直前に言った言葉である。当時、戦争で国のために死ぬことがりっぱだとされていたことを踏《ふ》まえて考える。

6 一人で死なせるのが耐《た》えられないという気持ちである。

7 お母さんが「意味の深い言葉」と言った訳を考える。

9 広島二中の生徒や先生を全《ぜん》滅《めつ》させた戦争の悲惨《ひさん》さを忘れず、平和を大切にしてほしいという筆者の願いをつかむ。

最終チェック

事実を順を追って押《お》さえ、平和への願いを読み取る！

広島二中の一年生の、昭和二十年八月六日の本川《ほんかわ》土手での被爆《ひばく》から、八月十一日に最後の一人が亡くなるまでの様子が採録されたドキュメンタリー番組のシナリオである。事実を列挙することで伝わってくる、戦争の悲惨さと平和の尊さを読み取ろう。

p.30〜p.31 私《わたし》のタンポポ研究／日本語探検3／漢字道場3

1

1	2	3	4	5	6
③	ⓐA ⓑB ⓒA ⓓB	都市部で子孫を残すこと	例 雑種タンポポのほうが、セイヨウタンポポよりも生き残る割合が高くなった。	ⓐエ ⓑイ	ウ

2

①	②
B	A

3

①	②	③	④	⑤	⑥
カ	ア	ウ	キ	エ	オ

解説

1

1 ②段落では事実とそれに基づく考えを述べ、続く③段落で予想したことを述べている。

2 文末の表現に注目し、事実と筆者の考えを区別する。

3 「しかし」は逆接の接続語。「しかし」の前後には反対の内容が述べられているので、「都市部で子孫を残すことは難しい」と反対の内容になる。

5 ⑧段落に述べられている雑種タンポポとセイヨウタンポポの性質を読み取る。

6 ①〜③段落で芽生えの生き残りやすさに関する予想を述べ、④〜⑥段落で実験とその結果の説明、⑦〜⑨段落で結論を述べている。

2 ①新聞などのメディアで使われるのは共通語である。

最終チェック

文末の表現に注目し、事実と考えを区別しよう！

事実…文末が「……です」「……が分かります」など断定する表現。

考え…文末が「……でしょう」「……と考えられます」など、推測や意見を表す表現。

p.32〜p.33 月夜の浜辺《はまべ》

◇

1	2	3	4	5	6	7	8
口語自由詩	ウ	ⓐ波打際 ⓑボタン	ア	(1)エ (2)なぜだかそれを捨てるに忍びず	エ	イ	ア

解説

◇

4 「月夜の晩」からは月明かりだけの幻想《げんそう》的な情景が、「ボタンが一つ」からは、浜《はま》辺《べ》にたった一つだけ落ちているボタンのもの寂《さび》しそうな様子が想像できる。

5 (2)「それ」＝「ボタン」を捨てられない様子を、月に向けても浪《なみ》に向けても投げ捨てることができないと表現している。「捨てるに忍《しの》びず」は、「捨てるのは耐《た》えられない」という意味。

6 寂しげなボタンの存在が、触《さわ》っている指先から孤独《こどく》な心にまで沁《し》み入って、共鳴するものを感じているのである。

7 反語の形。作者のボタンへの強い愛着が表れている。

8 作者は、無用なボタンと自身の孤独な境遇《きょうぐう》を重ねて、愛着や共感を感じている。

最終チェック

「ボタン」と「月」の類似《るいじ》を押《お》さえる！

「ボタン」と「月」はどちらもつややかで丸い形。波打際《なみうちぎわ》で月の光に照らされ、美しく輝《かがや》いているボタンの様子も想像できる。

p.36〜p.37 伊曽保物語《いそほものがたり》

大問	小問	解答
1	1	ⓐ くわうる　ⓑ とらん　ⓒ こうむる
1	2	肉
1	3	見えたので
1	4	(1) (ある)犬　(2) 例 自分がくわえている肉を捨てて、水に映った肉を取ろうとする。
1	5	例 自分の持っていた肉も失った。
1	6	エ
2	1	ⓐ こずえ　ⓑ くいきって　ⓒ おもうよう
2	2	ⓐ 浮いたり沈んだり　ⓑ 蟻
2	3	例 鳩が枝の先を川の中に落として蟻を助けてくれたこと。
2	4	③ ア　④ ウ
2	5	ウ
2	6	例 どこへということもなく飛び去ってしまった。
2	7	イ

解説

1 4 「ある犬」が、自分の肉より大きく見えた水に映った肉を取ろうとした場面。

5 第一段落の最後に「二つながらこれを失ふ」とある。欲張った犬は、自分の肉も失う天罰《てんばつ》を受けたのだ。

2 2 鳩《はと》が枝の先から、蟻《あり》の様子を見ていたのである。

3 蟻は鳩からどんな恩を受けたのかを捉《とら》える。川でおぼれた蟻は、鳩が落としてくれた枝の先に乗って助かったのだ。

5 鳩はある人に捕《と》らえられそうになったが、蟻がその人の足にかみついたため助かった。鳩は、蟻が自分を助けてくれたのだと悟《さと》ったのである。

最終チェック

「伊曽保物語《いそほものがたり》」の特徴《とくちょう》は?

前半は物語、後半は教訓として、物語から分かること、学んでほしいことが述べられている。

p.40〜p.41 竹取物語《たけとりものがたり》

大問	小問	解答
1	1	ⓐ よろず　ⓑ いうよう
1	2	イ
1	3	野山に
1	4	(1) エ　(2) 例 根元の光る竹が一本あったこと。
1	5	ⓐ 光る　ⓑ 筒の中
1	6	ウ
1	7	ⓐ (竹取の)翁［または］さぬきのみやつこ　ⓑ 三寸ばかりなる人
2	1	人間［または］地上の人
2	2	イ
2	3	例 おっしゃらないでください
3	1	例 さっと
3	2	ウ
3	3	エ

解説

1 4 翁《おきな》は、根元が光る一本の竹を見て、不思議に思ったのである。

7 竹取《たけとり》の翁は、竹の筒《つつ》の中にいた三寸《さんずん》ほどの人を、手のひらに入れて持ち帰ったのである。

2 1 天人《てんにん》が羽衣《はごろも》を着せると、人間の心をなくしてしまうのだ。

2 「文《ふみ》」は「手紙」のこと。「朝廷《おほやけ》」(帝《みかど》)に宛《あ》てた手紙である。

3 「な……そ」で「……するな」という意味。

3 3 「翁を、いとほし、かなしと思《おぼ》しつることもうせぬ」「物思ひなくなりにければ」を手がかりに考える。

最終チェック

二つの「ぬ」は違《ちが》う言葉!

・持ち来《き》ぬ（持って帰った）
・あわてぬさまなり（あわてない様子だ）　元の形は「ず」

p.42〜p.43 矛盾《むじゅん》「韓非子《かんぴし》」より

1						2	
1	2	3	4	5	6	①	③
盾	ウ	ウ	例どんなものでも突き通す	エ	イ	イ	エ
						②	④
						ア	ウ

解説

1
1 「之《これ》を誉《ほ》めて曰《い》はく」は、「その盾《たて》を自慢《じまん》して言うには」という意味。
2 「矛《ほこ》」から「誉」へ、二字下から返って読むので、一・二点を使う。
3 「利《と》きこと」は、矛を誉めていることから考える。
4 「ざる」と「無き」の二つの否定の語が入っていることに注意。このような表現を二重否定といい、文全体の意味は強い肯定《こうてい》となる。「どんなものでも突き通さないものはない」も正解。
5 「何如《いかん》」は「どうであるか」という意味。
6 「或《ある》ひと」の質問に「答えることができなかった」場面。つじつまの合わない点を指摘《してき》され、どう答えたらいいか分からなくなったのだ。

2 いずれも有名な故事成語である。意味はもちろん、もとになった故事の内容も理解しておくとよい。

最終チェック

故事成語を覚えよう！
・漁夫の利…二者が争う間に、第三者が利益を横取りすること。
・蛍雪《けいせつ》の功《こう》…苦労して勉学に励《はげ》むこと。
・杞憂《きゆう》…必要がないことまであれこれ心配すること。

p.44〜p.45 日本語探検4／文法の窓3

1

	A	B	C
①	ウ	ア	イ
②	イ	ウ	ア

2
① 兄は‖塾に‖通って‖いる。
② 海から‖吹く‖風が‖とても‖爽やかだ。
③ 桑の‖実は‖食べられる。

3

①	②	③	④	⑤	⑥	⑦	⑧	⑨	⑩
感動詞	名詞	接続詞	形容詞	連体詞	動詞	助詞	形容動詞	副詞	助動詞

4 ① エ ② ア

5

	A	B
①	ウ	カ
②	オ	ア

解説

1 多義語の意味は、文脈に合わせて捉《とら》える。
2 まず、文節に区切る。自立語は、一文節に一つしかなく、必ず文節の初めにある。
4 補助動詞・補助形容詞はどちらも、上の言葉に意味を添《そ》える。**ア**は「高い」を打ち消す意味を添える。**エ**は「試《ため》しに〜する」の意味を添える。
5 ①どちらも連用修飾語《しゅうしょく》だが、Aは「元気だ」「元気な」と活用する。Bは活用しない。②Aは「海辺」という体言を修飾する連体詞。Bは「存在する」という意味の動詞。

最終チェック

品詞を見分けるポイントを押《お》さえる！

自立語か付属語か。活用するかしないか。活用しない場合、どんな文の成分か。活用すれば、言い切りの形は何か。

少年の日の思い出

◇

1	2	3	4	5	6	7
ウ	例クジャクヤママユの四つの大きな不思議な斑点を見たこと。	エ	ⓐカ ⓑウ	ⓐ盗み ⓑ大それた恥ずべき	例クジャクヤママユが潰れてしまったこと。	イ

解説

◇

1 この時点の「僕《ぼく》」は、チョウを盗《ぬす》むことなど全く考えていなかったことを押《お》さえる。

2 「欲望」を感じたのは、「斑《はん》点《てん》」を見た瞬間《しゅんかん》である。

3 直後の「そのとき……感じていなかった。」から捉《とら》える。

4 ⓐは、有名な斑点が見られるという期待感による。ⓑは、罪が人にばれるのではないかという不安と緊張《きんちょう》である。

7 直前に「盗みをしたという気持ちより」とあるように、何より美しいチョウが台なしになってしまったことに、心を苦しめられているのである。

最終チェック

クジャクヤママユが潰《つぶ》れるまでの「僕」の心情の変化を押さえる!

①クジャクヤママユを、ひとめでも見たい。②斑点を見てみたい。
③クジャクヤママユを自分のものにしたい。
④クジャクヤママユを手に入れた満足感のみ感じる。
⑤良心が目覚め、自分のしたことに恐《おそ》れと不安を感じる。
⑥チョウを潰したことへの後悔《こうかい》。

文法の窓4／漢字道場4

1							
①ウ	②ア	③オ	④イ	⑤エ	⑥ア	⑦ウ	⑧エ

2					
①固有名詞	②形式名詞	③代名詞	④代名詞	⑤普通名詞	⑥数詞

3	
人称代名詞 あなた	指示代名詞 どちら

4
ア

5			
①ウ	②ウ	③イ	④ア

6			
①話	②おもしろさ［または］おもしろみ	③確かさ	④助け

7	
①こふん	②しゅうかく

解説

1 ⑤「そこ」は場所を指し示す代名詞。⑥「明日」や「今日」なども普《ふ》通《つう》名詞である。

3 こそあど言葉の多くは指示代名詞だが、「この」は連体詞。

5 ①**ウ**の「太平洋」以外は、全て普通名詞である。②**エ**「姉」は普通名詞である。③数詞には、**イ**「何歳《さい》」や、「何年」「いくつ」など、数がはっきりしないものもある。**ウ**「一《いち》郎《ろう》」は数字が入っているが、人の名前なので、固有名詞。

6 形容詞や形容動詞は、形の変わらない部分（＝語幹）に「さ」や「み」を付けて名詞にする。

最終チェック

普通名詞と固有名詞を見分ける!

固有名詞は、人名・地名など、一つしかないものを表す。

例 犬
チワワ ｝普通名詞
ジョン…固有名詞

p.54〜p.55 風を受けて走れ

◇

1 (1) ⓐ	1 (1) ⓑ	1 (2)	2	3	4	5	6	7
湾曲	反発力	例百メートルを二十秒ほどで走るランナーに変身させる力。	前向きな人	不安を感じながらも走る気力を奮い起こした初心者	ウ	例風は再び走れるようになった証明だから。	ア	イ

解説

◇

1 (1) 「板バネ」の性質について書かれた一段落目、二段落目の内容に着目する。

2 臼井《うすい》は、義足の人が走れるようになることで自信を取り戻《もど》し、新しい行動を起こすきっかけとなるかもしれないと考えたのだ。

3 「……をいちばんだいじにしたい」という言葉と似た表現を文章中から探す。

5 「再び走れるようになった証明。それが『風』なのだ。」という部分をまとめて書く。

6 自信を取り戻し、自分の人生の幅《はば》が広がることを表現している。

7 「板バネ」を使いこなすまでの試行錯誤《さくご》や、強い信念を持ち地道に努力するところなどから人物像を読み取る。

最終チェック

象徴《しょうちょう》的に使われている「風」の意味を捉《とら》える!

- 臼井二美男《ふみお》にとっての「風」→目立たないが、選手に寄り添《そ》ってサポートするという自分の理想のあり方。
- 選手たちにとっての「風」→再び走れるようになったことを実感させるもの、また、自信を取り戻すきっかけとなるもの。

p.58〜p.59 ニュースの見方を考えよう

◇

1	2	3 ⓐ	3 ⓑ	4 (1)	4 (2)	5	6
●例民放では、視聴率が高いとスポンサーからの広告料がたくさん入ってくるから。 ●例なるべく多くの人に見てもらおうと考えるから。	ウ	視聴率	お金	例高い視聴率を取るため。	例たいしたニュースではなくても、視聴者が飛びつきそうなニュース。	制作者が意図やねらいを持って編集した	●イ ●ウ

(●は順不同)

解説

◇

1 直後の文で、視聴《しちょう》率を気にする理由を述べている。

2 テレビ局が「もうかるものではない」のにニュースを流したのは、社会の中でテレビが広く情報を流す役目を担《にな》っているからである。

3 直後の段落の冒頭《ぼうとう》に「ところが」とあり、最近の考えについて述べている。

4 高い視聴率を取るためにニュースにも演出が求められ、「視聴者が飛びつきそうなもの」が優先されるようになったのである。

6 ニュースの見方に対する筆者の考えは、最後の二つの段落で述べられている。

最終チェック

ニュースの見方に対する筆者の考えは?

ニュース

編集されている。

①取り上げるニュースは制作者が決めている。
②出来事のどのような面に着目するかも制作者が決めている。
③内容が加工されている。④演出されている。

筆者の考え…ニュースはそのまま受け取るのではなく、見る人が疑問を持ち、考えながら判断していくことが大切である。

p.60～p.61 文法の窓5／漢字道場5

問	解答
1	●ある　●大きな　●この　●たいした
2	① ア　② ウ　③ ア　④ イ　⑤ ウ　⑥ イ
3	① ても　② ない
4	① ア・ク　② ウ・コ　③ エ・カ　④ イ・オ
5	① エ　② ア
6	① ウ　② エ　③ ア　④ イ

（●は順不同）

解説

1 活用せず名詞を修飾《しゅうしょく》しているもので、語尾《ごび》が「の・な・た（だ）・る」で終わるものを探す。

2 ②「なぜ」は後に「か」という疑問の語が、⑤「全く」は後に「ない」という打ち消しの語が続く呼応の副詞。

4 ①は後の部分で理由を説明している。②は別の話題に転換《てんかん》している。③前は理解を、後は反対の意を示しており、逆の内容になっている。④薬が効くことは素直《すなお》に考えられるものなので、順接。

6 ①「信」は、「亻」（人）と「言」を組み合わせた会意《かいい》である。②「銅」は、「金」の部分が意味を表し、「同」の部分が音《おん》を表しているので、形声《けいせい》である。会意も形声も、漢字を組み合わせてできているが、漢字の部分の音（例 同《ドウ》）が全体の音になっている（例 銅《ドウ》）のが形声である。

最終チェック

➔副詞の種類はどの語を修飾するかで見分ける！

副詞は、修飾している語によってだいたい区別できる。

- 状態の副詞…動詞を修飾する。
- 程度の副詞、動詞・形容詞・形容動詞などを修飾する。
- 呼応の副詞…下にきまった言い方がくる。

p.62～p.63 わたしの中にも

問	解答
1	口語自由詩
2	4・5行目 エ　8行目 イ
3	もんしろ蝶　もんき蝶　ひらひら舞い立つ
4	例 低い
5	ⓐ ●つくし　ⓑ ●つばな
6	ⓐ ア　ⓑ ウ
7	●たくさんの人に春のよろこびを伝えることば　●ひとりのひとに思いを告げるただひとつのことば
8	イ

（●は順不同）

解説

2 4・5行目は「背伸《せの》びして」とつくしやつばなを人に見立てているので、擬人法《ぎじんほう》である。

3 同じような構成、同じような意味が並べられているところを探す。

4 「較《くら》ぶべくもない」は、「較べられない」という意味。ポプラは、高くて目立つ存在として挙げられている。

5 第一連に描《えが》かれているつくしとつばなの様子を指している。

8 つくしやつばな、もんしろ蝶《ちょう》、もんき蝶は、春の訪《おとず》れを感じさせる動植物である。その姿を見て、「わたし」は自分の中にも生命力や気持ちをことばで表現する可能性を発見する。喜びや希望にあふれた気持ちも読み取ろう。

最終チェック

➔「わたし」が発見したものを読み取ろう！

つくし・つばな…せいいっぱい伸びようとするもの（生命力）。

もんしろ蝶・もんき蝶…ことばのひらく気配（自分の気持ちを外に向かってことばで表現する可能性）。

p.66〜p.67 トロッコ

1	例暗くなる中、遠い道のりを一人で歩いて帰らなければならないと分かったから。
2	エ
3	イ
4	例泣くのをこらえている様子。
5	ア
6	エ
7	ⓐ塵労に疲れた　ⓑ心細さ

解説

1 「暗くなること」「遠い道のりであること」「一人で歩いて帰ること」の三点を押《お》さえてまとめる。

2 「取って付けたような」は、「別のものを付け足したように不自然な様子」という意味。

3 良平《りょうへい》は周りを見る余裕《よゆう》などなく、家に帰り着くことだけを考えていたから、海を「感じ」ただけだったのである。

5 やっと家がもうすぐであることを感じさせる光景に出会い、ほっとしたのだ。しかし、確実に家に着くまでは泣けなかったのである。

6 遠い道を一人で駆《か》け通《どお》してきた心細さが強烈《きょうれつ》すぎて、幼い良平はどう言い表せばいいか分からなかったのである。

7 直前の文の「そのとき」は、トロッコに乗った帰り道のときのこと。良平の心情は、その前の段落に「あの遠い道を駆け通してきた、今までの心細さ」と表現されている。

最終チェック

茶店に入った二人の土工を待つ良平の様子は？（教p.214・12行〜27行）

・ひとりいらいらしながら、トロッコの周りを回ってみた。
・(駄菓子《だがし》をもらって)良平は冷《れい》淡《たん》に「ありがとう。」と言った。
・石油の臭《にお》いが染《し》み付いていた。
→早く帰りたい良平は、不安といらだちをつのらせる。

p.70〜p.71 そこに僕《ぼく》はいた

1	例あーちゃんが、義足を使うようになったこと。
2	ⓐ子猫　ⓑ助けよう
3	ア
4	イ
5	例子猫を助けることができなかったこと。
6	●ウ　●オ

（●は順不同）

解説

1 「そうなったと」は、「僕《ぼく》」があーちゃんの義足を指差しながらきいた言葉。

3 文章中に、あーちゃんが笑う部分がいくつもある。笑《え》顔《がお》を絶やさぬ様子から、「僕」たちへの素直《すなお》な気持ちや、困難を乗り越《こ》え、義足の自分を卑屈《ひくつ》に考えない心の強さが感じられる。**ア**「気を遣《つか》ってしかたなく」が合わない。

4 「えも言われぬ」は、「言葉では言い表すことができない」の意。直後の「自分の足だったら」からも考える。

5 「首を真横に振《ふ》る」のは、否定的なことを伝える動作。「子猫《こねこ》はどげんしたね。」という問いかけへの答えである。

6 話すうちに、「僕」のあーちゃんへの印象が変化したのだ。

最終チェック

二人の気持ちの変化を捉《とら》える！

「僕」は、次第《しだい》に義足のあーちゃんに対して特別な意識を持たなくなっていった。そんな「僕」に対してあーちゃんも心を開くようになっていき、素直に心を通わせ合う関係になったのである。

「常識」は変化する

1	自然を守ることが大切だ
2	ウ
3	●（「嗅覚」といってもいいほどの）鋭い感覚を持って、物事と向き合う力 ●はっきりと結論が出せないことについても考え続ける力 （●は順不同）

解説

1 筆者は、「新しい事実の判明と価値観の変化が互《たが》いに関連する」場合の例として「環境《かんきょう》問題」を挙げている。「工業化による悪い影響《えいきょう》」が、価値観を変化させた「新しい事実」に当たる。

2 直後の段落の内容を押《お》さえる。「自分自身が……じっくり考えてみる」（**イ**）、「自分で調べたり」（**ア**）、「いろいろな人の意見に耳を傾《かたむ》けたりしてみる」（**エ**）は文章中で述べられている。「専門家といえども……いたりする」とあるので、**ウ**は当てはまらない。

3 常識や判断の基準は変化するものだからこそ、考えを深めていく訓練が必要で、そのために二つの力を育てていくことが大切だと述べている。

最終チェック

「常識」や判断の基準は変化する。では、私《わたし》たちはどうすべきか？

・自分自身が納得《なっとく》できるかどうかを考え、調べたり、話し合ったりして考えを深める姿勢が大切。

・「物事と向き合う力」「考え続ける力」を育てることが大切。

ことわざ

□ **あとは野となれ山となれ**　目先のことさえ済んでしまえば、あとはどうなろうと構わないということ。

対義　立つ鳥跡を濁《にご》さず

□ **虻蜂《あぶはち》取らず**　あれもこれもと狙《ねら》って、どれも駄目《だめ》になること。

類義　二兎《と》を追うものは一兎をも得ず

対義　一石二鳥《いっせきにちょう》・一挙両得《いっきょりょうとく》

□ **石橋をたたいて渡《わた》る**　非常に用心深く物事を行うこと。

類義　転ばぬ先の杖《つえ》・念には念を入れよ

□ **医者の不養生《ふようじょう》**　言うことと行うこととが一致《いっち》しないこと。

類義　坊主《ぼうず》の不信心・紺屋《こうや》の白袴《しろばかま》

□ **急がば回れ**　危険がありそうな近道よりも、安全な本道を回ったほうが、結局早く目的地に着くということ。

類義　せいては事を仕損じる

対義　先んずれば人を制す

□ **馬の耳に念仏**　いくら意見しても効き目のないこと。

類義　馬耳東風《ばじとうふう》・蛙《かえる》の面《つら》に水

□ **瓜《うり》のつるに茄子《なすび》はならぬ**　平凡《へいぼん》な親から非凡な子は生まれないということ。

類義　蛙《かえる》の子は蛙

対義　鳶《とび》が鷹《たか》を生む

□ **雉子《きじ》も鳴かずば打たれまい**　余計なことを言わなければ、災難にあうこともないということ。

類義　口は禍《わざわい》のもと

□ **猿《さる》も木から落ちる**　その道の名人・達人でもときには失敗するということ。

類義　弘法《こうぼう》にも筆の誤り・河童《かっぱ》の川流れ

□ **好きこそものの上手《じょうず》なれ**　好きであることは、物事が上達するための重要な条件であるということ。

対義　下手《へた》の横好き

□ **月とすっぽん**　非常に違《ちが》いがあること。

類義　ちょうちんにつり鐘《がね》・雲泥《うんでい》の差

対義　大同小異《だいどうしょうい》

□ **ぬかにくぎ**　手ごたえのないこと。

類義　豆腐《とうふ》にかすがい・のれんに腕押《うでお》し

□ **寝耳《ねみみ》に水**　だしぬけでびっくりすること。

類義　足もとから鳥が立つ・藪《やぶ》から棒

□ **猫《ねこ》に小判**　貴重なものの価値がわからないこと。

類義　豚《ぶた》に真珠《しんじゅ》

□ **火のないところに煙《けむり》は立たぬ**　うわさや評判がたつのは、それなりの原因があるということ。

対義　根がなくても花は咲《さ》く

□ **ひょうたんから駒《こま》**　思いがけないところから思いがけないものが出ること。

類義　棚《たな》からぼた餅《もち》

□ **待てば海路《かいろ》の日和《ひより》あり**　じっと待っていれば、やがて好運もやってくるということ。

類義　果報は寝《ね》て待て

□ **三つ子の魂《たましい》百まで**　幼いころ身についたことは一生変わらないということ。

類義　雀《すずめ》百まで踊《おど》り忘れず

□ **柳《やなぎ》に雪折れなし**　柔《じゅう》は剛《ごう》よりかえって事に耐《た》えるということ。

類義　柔よく剛を制す

□ **弱り目にたたり目**　悪いときに、さらに悪いことが重なって起きるということ。

類義　泣き面《つら》に蜂

□ **良薬は口に苦し**　ためになる忠告は、聞きづらいけれど結局は役に立つということ。

類義　忠言耳に逆らう

□ **渡る世間に鬼《おに》はない**　世の中には、そう悪い人間ばかりはいないということ。

対義　人を見たら泥棒《どろぼう》と思え